教育随想

子育ての方程式

The Parenting Equation

岡本 廣之

木星舎

はじめに

　子育てには成長の喜びを実感できる楽しみがあります。未来の夢をかなえてくれる希望の光です。日々に育ちゆく子どもの成長を目のあたりにして、親としての喜びに浸りきる幸せを実感できるのも子育てです。

　子どもは成り行き任せでも育ちますが、このように育ってほしいという親の願いは確かに存在するはずです。

　しかし、子育てに失敗すると、これは取り返しのつかないことになります。一度失敗したら、もう後戻りができないからです。

　私は教職の現役時代に、たくさんのお母さん方から、子育ての悩みや相談を受けました。

　「うちの子は、ちっとも勉強しませんがどうしたらよろしいでしょうか？」「幼稚園の頃までは素直な良い子だったのに、最近反抗が激しくて困っています」「小さい頃はとても仲が良かったのに、最近きょうだい喧嘩が激しくて顔さえ合わせたらすぐに喧嘩が始まります。とても困っています。どうしたら良いかわかりません」。このように、私自身の長い教職生活で得た教育問題や様々な子育てに関する問題や情報は多岐にわたります。

　母親が悩み、苦しみ、結論の見えない子育ての相談は実に様々ですし、悩み考えたあげくに出した結論も様々なのです。

　さらに自分自身のわが子の「子育て」と、長い担任時代の多くの子どもたちとの出会いや様々な体験をつなぎ合わせると、ある一定の筋道や結論が見え隠れすることに気付いたのです。そういう意味を込めて本書のタイトルを『子育ての方程式』としました。

　思いつくままに折に触れて感じたことを文章にした「教育随想」ですが、原稿を読まれた親御さんからは「この〈教育随想〉が広く世に出ることが待ち望まれます」との感想をいただいています。

はじめに

　教育に関する経験の豊富さ（教諭、教務主任、教頭、校長、教育委員会人事主事、大学等の講師、そして2児の親）から生まれた本書は、子育て中の母親（父親）の指針になることと信じています。

　最近の教育に関する動向は目まぐるしいほど変化しています。総合学習の導入、英語学習の導入、パソコン（インターネット）の導入、そして生成AIの導入、ChatGPTの導入等、枚挙にいとまがありません。

　しかし教育の方法論はいくら変わっても、教育の本質は変わりません。教育本来の目標が猫の目のように変わるはずがありません。教育の本質は不変なのです。

　このような意味を込めた本書を読んで、子育ての参考にしていただけたら幸いです。

2024年12月吉日

岡本 廣之

Contents

はじめに ・・・・・・・・・・・・・・・・・・・・・・・・・・・・・・・ 2

Chapter1　学校と子どもたち

教師と親（保護者）の信頼関係 ・・・・・・・・・・・・・・・・・11

ピグマリオン効果（教師期待効果）・・・・・・・・・・・・・・・13

学校の制服 ・・・・・・・・・・・・・・・・・・・・・・・・・・・・・・ 15

21世紀への教育課題 ・・・・・・・・・・・・・・・・・・・・・・・・ 17

本当の心の居場所はどこでしょう!?（不登校のこと）・・・・・・・ 20

感性を育てる ・・・・・・・・・・・・・・・・・・・・・・・・・・・・ 22

感謝の手紙 ・・・・・・・・・・・・・・・・・・・・・・・・・・・・・・ 24

　ちょっと一息　ジャイアント馬場さんのこと ・・・・・・・・ 25

パンダとチビ（ワンちゃん基金への募金のお礼）・・・・・・・・・ 27

敬　愛 ・・・・・・・・・・・・・・・・・・・・・・・・・・・・・・・・・ 29

国旗・国歌法が成立 ・・・・・・・・・・・・・・・・・・・・・・・・ 31

不易と流行（教育の本質をとらえること）・・・・・・・・・・・・ 34

学力論争と評価 ・・・・・・・・・・・・・・・・・・・・・・・・・・・ 36

「生きる力」の獲得を願う総合的な学習の本当のねらい ・・・・・・ 38

学校給食、好き嫌いのある子が80% ・・・・・・・・・・・・・・・ 40

心の交流を深める教育の創造 ・・・・・・・・・・・・・・・・・・・ 42

学校2学期制！（様々な制度改革の中で）・・・・・・・・・・・・ 44

今こそ学校（教師）の力の見せどころ ・・・・・・・・・・・・・・ 46

学びの原動力 ・・・・・・・・・・・・・・・・・・・・・・・・・・・・ 49

将来は先生になりたいです。・・・・・・・・・・・・・・・・・・・ 51

心の教育 ・・・・・・・・・・・・・・・・・・・・・・・・・・・・・・・ 53

　ちょっと一息　サマータイム考 ・・・・・・・・・・・・・・・・ 55

Chapter2　家庭と子どもたち

子どもたちの理科離れ（理科は科学への入り口）・・・・・・・・・・・・・・ 59

Ｎ君のこと ・・・・・・・・・・・・・・・・・・・・・・・・・・・・・・・・・・・・・ 61

家庭の教育力の回復 ・・・・・・・・・・・・・・・・・・・・・・・・・・・・・・・・・ 63

家庭学習について（積極的に勉強する子）・・・・・・・・・・・・・・・・・・ 65

頭が良くなる育て方　８カ条 ・・・・・・・・・・・・・・・・・・・・・・・・・・ 68

「子どもの遊び」について ・・・・・・・・・・・・・・・・・・・・・・・・・・・・ 72

「親子で育てる人権意識」・・・・・・・・・・・・・・・・・・・・・・・・・・・・・ 74

敬老の日に寄せて ・・・・・・・・・・・・・・・・・・・・・・・・・・・・・・・・・・ 77

心に残る感動を子どもたちに（１枚の賞状）・・・・・・・・・・・・・・・・ 79

　ちょっと一息　漬物の楽しみ ・・・・・・・・・・・・・・・・・・・・・・・・ 80

遊びと運動能力 ・・・・・・・・・・・・・・・・・・・・・・・・・・・・・・・・・・・・ 82

子どもが育つ魔法の言葉 ・・・・・・・・・・・・・・・・・・・・・・・・・・・・・ 84

個性とは何だろう ・・・・・・・・・・・・・・・・・・・・・・・・・・・・・・・・・・ 86

素晴らしい子どもたち ・・・・・・・・・・・・・・・・・・・・・・・・・・・・・・ 88

子どもの日に寄せて（子どもの健やかな成長を願って）・・・・・・・ 92

子どもの日に寄せて ２（お母さん、あなたはどのタイプ？）・・・・ 94

子どもの日に寄せて ３（遊びの中で子どもは育つ）・・・・・・・・・・ 96

男女混合名簿 ・・・・・・・・・・・・・・・・・・・・・・・・・・・・・・・・・・・・・・ 98

叱ること・褒めること・戒めること・躾けの本質 ・・・・・・・・・・・・ 100

Ｇ君のこと ・・・・・・・・・・・・・・・・・・・・・・・・・・・・・・・・・・・・・・ 102

　ちょっと一息　バイクの楽しみ ・・・・・・・・・・・・・・・・・・・・・・ 104

Chapter3　今、子どもたちに伝えたいこと

美しい日本語を正しく伝えること ・・・・・・・・・・・・・・・・・・・・・・・ 107

二人の学者の「子育ての提言」・・・・・・・・・・・・・・・・・・・・・・・・・ 109

国語の力について（作文の方法）−作文が苦手な子どもに− ・・・・・・・・・ 111

私の感じた日本の不思議 ・・・・・・・・・・・・・・・・・・・ 114

音楽の楽しみ ・・・・・・・・・・・・・・・・・・・・・・・ 116

命の尊厳 ・・・・・・・・・・・・・・・・・・・・・・・・・ 118

誇り高き清貧（ヨーロッパの伝統に学ぶ）・・・・・・・・・・・・・ 120

　ちょっと一息　千代大海の優勝・・・・・・・・・・・・・・・・ 121

学ぶ意欲の根源・・・・・・・・・・・・・・・・・・・・・・・ 123

思いやり ・・・・・・・・・・・・・・・・・・・・・・・・・ 126

18歳の女流王将「石橋幸緒さん」のこと ・・・・・・・・・・・・ 128

何気ないひとこと ・・・・・・・・・・・・・・・・・・・・・ 130

ボランティア ・・・・・・・・・・・・・・・・・・・・・・・ 132

強く生きていく子に育てる ・・・・・・・・・・・・・・・・・ 134

日本語の味わい・・・・・・・・・・・・・・・・・・・・・・・ 136

君は未来だからです ・・・・・・・・・・・・・・・・・・・・ 138

　ちょっと一息　猫のみーこ ・・・・・・・・・・・・・・・・・ 139

使い捨て時代の経済効果と心の逆効果 ・・・・・・・・・・・・・ 142

「夢のない日本の子どもたち」
　　……アンケートに見る国際比較調査より ・・・・・・・・・・・ 144

美しい日本語を正しく伝えること ・・・・・・・・・・・・・・・ 146

目標を持って生き生きと学ぶ子どもたちに ・・・・・・・・・・・ 148

現代の教育の問題点とこれからの教育の方向 ・・・・・・・・・・ 150

新聞の魅力 ・・・・・・・・・・・・・・・・・・・・・・・・ 152

タイトルに「子育ての方程式」とつけた理由 ・・・・・・・・・・ 155

　ちょっと一息　ゴキブリ研究30年 ・・・・・・・・・・・・・・ 157

おわりに ・・・・・・・・・・・・・・・・・・・・・・・・・ 159

Chapter 1
学校と子どもたち

教師と親（保護者）の信頼関係

　子どもは学校で過ごす時間が長い。一日の大半を学校で過ごすことになります。その長い時間の学校生活が有意義かそうでないかは非常に大きな問題です。

　様々な視点で学校生活を捉えることができるわけですが、担任の先生との関係で捉えてみると、とりわけ小学校では担任の先生の影響は大きいと言えます。なぜなら教科担任制の中学校と違って、学校生活の大半というよりほぼすべてが担任の先生との関係によって成立しているわけです（現在文部科学省は、小学校における教科担任制の検討を始めています）。

　子どもたちは家に帰って学校での出来事を親に話します。聞く親の態度によって話す内容は変わってきます。何でも聞いて受け止めてくれる聞き方であれば、子どもは何でも包み隠さずに話しますが、話の内容によって叱ったり批判したりという聞き方であれば、子どもは話す内容を選択します。したがって親は何でも受け止める聞き方が大切になってきます。

　時にはこんなことはないでしょうか。子どもの話に対して、先生を批判することです。先生を批判することは絶対にあってはならないとは言いませんが、子どもの言い分に同調して先生を批判することはよくよく考えてしなければなりません。

　そのわけはお分かりですね。一日の大半を学校で過ごす子どもたちは担任の先生との関係が濃厚です。先生のお話を聞いて考えることを積み重ねて成長していきます。ですから、親と教師とが同じ考えで子どもに接すれば教育の効果が上がります。しかし親が教師を批判するばかりだと子どもは混乱して教育の効果は上がりません。

Chapter1 学校と子どもたち

「先生はこう言うけど、親は反対のことを言う」では、子どもはどっちを信用して良いのか迷います。これでは先生の意図する教育効果は上がりません。それどころか逆効果になってしまいます。

親と教師は意思疎通をしっかりとして共通理解をしながら子どもに接するべきなのです。

担任教師の言動がどうしても納得できない時は、一度子どもを外して話し合ってみてください。そうしてお互いを理解し合うことが大切です。

要するに、先生は子どもの前で親の批判はしてはいけない。親は子どもの前で先生の批判はなるべく避けるべきなのです。

先生と保護者（親）が同じ方向を向いて（理解し合って）子どもの教育にあたっていけば教育の効果は一層上がるものであると考えます。

ピグマリオン効果（教師期待効果）

　教師の児童に対するある種の先入観は、教育上様々な結果をもたらすことがいわれています。教師が子どもに与える影響の大きさを認識することの重要性が叫ばれている所以です。

　教師は、教師活動の中で、一人ひとりの児童に対して、様々な評価をします。そして、テストの結果やその他様々なことから、その児童について無意識のうちに、プラスの方向あるいはマイナス方向の予測をすることがあります。この教師の予測が教育活動に作用して、子どもの成績や、行動が影響を受けることがあります。この現象を「ピグマリオン効果（教師期待効果）」とよんでいます。

　ある小学校で「学力テスト」が行われました。実施した研究者は、その結果を担任の先生に伝えるわけですが、ある任意グループ（A群とする）の子どもたちの結果を「大変優れている」と伝えました。そして一年が経ち、その学年の最後に再び学力テストを実施した結果、A群の子どもたちの成績は、他に比べて伸びが認められました。

　これはハーバード大学の社会心理学グループによって行われた有名な実験です。実は、研究者が担任の先生に伝えたA群の子どもたちの成績は、テストの本当の結果ではありませんでした。ごく任意に選んだ子どもたちをA群として「学力テストの結果が良かった」ことにして、担任の先生にウソの報告をしていたのです。つまりA群の子どもたちと、他の子たちの違いは、先生が成績が良い子だと思っている「期待度」だけであったのに、そのことがA群の子どもたちの成績の伸びに影響を与えたということになります。

　この実験からわかるように教師がこの子はいいものを持っている、必ず伸びるのだという期待を日頃持っているかどうかということがポイン

トとなります。さらに言うならば、逆にこの子どもは駄目な子だという意識も子どもに伝わって、子どものやる気を奪ってしまうということをしっかり捉えることが大切であると思います。いずれにせよ、教師の子どもに与える影響は大きいのです。

このことは、もちろん親についても同様のことがいえます。わが子を信じない親はいませんし、どこまでも希望を持ち続けているのが親ですから、その意味ではピグマリオン効果は親子間にも存在しますが、可能性を信じること、過度の期待をすることでは、少しニュアンスが異なります。しかしそういった効果があるということはしっかり理解してほしいものです。

親（教師）は、子どもに過剰に期待をするのではなく、その子の可能性を信じ、その子の個性と良いところを見つめていくことが、大切だということに気付いてほしいのです。欠点ばかりが目立ち、気になるのが人の常なのですから。

他にもこんな効果が

ゴーレム効果
相手に期待しなかったり見込みがないと思うと、
本当にその通りの悪い結果になってしまうという効果

ハロー効果
1つの突出した特徴や能力の影響で他の評価も
変わってしまうという現象

ホーソン効果
注目されることでその期待に応えたいという心理が働き、
いい結果をもたらす効果
＊ピグマリオン効果の要因が「期待」に対して、
　ホーソン効果の要因は「注目」

など

学校の制服

　学校の制服といっても、日本ではちっとも違和感がありません。それほど学校というと、制服というイメージが定着しています。お父さん方は詰襟の学生服にこめた数々の思い出があり、お母さん方も高校時代のセーラー服にこめた様々な思い出があるに違いありません。ということはほとんどの方が詰襟やセーラー服、つまり学校の制服を着用されたということでしょう。

　ところがです。京都のある高校で、生徒の意見で制服を廃止しました。長い伝統を破って私服になったのです。学校に思い思いの格好で登校するようになって以来６年、徐々に服装の乱れや茶髪、ピアス……遅刻も目立つようになったというのです。その実態は制服廃止と無関係ではなかったのか、地元の中学からの制服復活の要望もあって学校で再び制服着用に踏み切ったところ、生徒の反対は強く生徒自身の手による制服反対の署名活動などを展開し、自主的に茶髪やピアスをやめようと呼び掛けがあったのです。卒業式の当日まで反対の意思表示は続きましたが、新年度の４月からは灰色ブレザーの制服姿の１年生が入学するようになって今日に至っています。一部の生徒の反対運動は今も続いているそうです。子どもの権利条約にある「意思表明権」との関係はどうなのか。時代の流れである個性尊重とどのような関係になるのかその結論は簡単には出せないようです。

　以上は、新聞掲載の記事の要約ですが、なんとその10日後に同新聞に「米公立高校制服ブーム」という記事が目に入りました。自由の国アメリカで、その内容たるや「今アメリカでは制服ブーム」「制服を着用するようになって、児童生徒が授業に集中するようになった」「規律正しい学校の雰囲気が生まれ始めた」「学力低下や校内暴力が減った」と

いうのです。PTA会長のディズリー氏は「規律正しい学校にしたかった。雰囲気は変わった」と話しています。もっともアメリカのこと、制服を着ない自由も保障されているとのことです。

　私はこれまで毎年卒業前の子どもたちに、校長として中学校生活の心構えや希望や抱負を話してきました。その中のひとつにこの「制服」の話も入っています。「中学で制服はなぜあるの？」と質問すると、いろいろな回答が返ってきておもしろいのですが。

　「中学生のしるしだから。バス代金をごまかせないようにするため」から「制服がなかったら思い思いの服で学校がファッションショーのようになる。素敵な服が買えない人は惨めな思いをする。服のことが気になる年頃なので勉強に身が入らないと思う。……」という意見が出ます。

　最近も再び、この制服論議が注目されています。服のブランドメーカー製の制服ということで注目を集めているとか。服を選んで着る自由と学校の制服とは、自由の意味が少し違うような気がしてなりません。

　つまり学校の制服は束縛ではなく服装が気になる年頃の生徒に対する配慮であると思うのですが……。

21世紀への教育課題

校内暴力は最近、増え続けています。その原因は簡単に語れるものではなく時代背景、社会的要因、教育的要因と解決の糸口を見いだす間口が広すぎますが、解決の糸口として3点にわたって述べることにしましょう。

その1つ目は、教育における父性の原理の喪失ということです。私はこの問題を考えるとき、「教育における父性の原理と母性の原理」という、ある教授の講演の内容が機会あるごとに脳裏に浮かんでいたのですが、現在の教育は母性の原理が幅をきかせています。課題を解決すべく心理学、社会学、医学等あらゆる分野の総動員によって問題解決への努力をしてきました。問題行動をとる児童生徒を叱咤激励するのではなく、その背景にあることを共感的に理解すること。家庭の事情から、社会的背景から問題行動の裏にあるものを理解し、その子の立場や考えに共感して解決の糸口を見いだす努力をしてきました。同和教育の発展・深化によって、一人ひとりの子の存在や個性を大切にし、その子自身を責めるのではなく、原因を責めその背後にある要因を除くことから出発する教育の営みがあります。その教育によって救われた子どもたちは数多く存在することは事実です。それらのことは素晴らしい教育の一面です。

このような教育における母性の原理は、子どもを責めるのではなくその要因と背景を責めるのが基本的な考え方です。また現在の教育では体罰は絶対に禁止であり、どのような理由があっても体罰による教育の作用がそのねらいとは裏返しになる現実があります。このような中で母性の原理に甘え、体罰禁止を逆手にとっていい加減で誠に勝手な行動をとる子がいるのも事実です。言語道断な非行を繰り返す子がいます。彼らは罪悪感が驚くほど稀薄であるといいます。教師に反抗し、授業が成立

Chapter1 学校と子どもたち

しない学級崩壊が起きているといいます。教師に暴力で反抗し既に学校
で対応できる領分を超えている部分もあるといいます。

　そこで登場するのが教育における父性の原理の導入です。父性の原理
とは家庭における父親の出番ということになりますが、厳しさの原理と
も言い表すことができます。悪いことは悪いとしてその責任を追求し、
それ相応の罰を与えることです（体罰肯定とは意味が違います）。

　モナコ王妃グレース・ケリーは幼い頃、父親にあまりにも厳しく育て
られたその反動で自分の３人の子どもを溺愛しました。子育てで一度も
叱ることがなかったといいます。その結果、３人とも自由にのびのびと
育ち、一時は幸福の絶頂にありましたが、彼女の意思とは反対に３人の
子は次々に愚行や反社会的行為を繰り返すようになりました。そして、
52歳のある日、グレース王妃は、子どもを乗せて運転中に交通事故死
するという不幸な結末を迎えました。子育てには厳しさ、すなわち父性
の原理が不可欠であるということを暗に示唆しています。母性の原理、
父性の原理との両立をうまく調整して子育てをすることが望まれます。

　２つ目には、現代の子どもたちに不足していることとして道徳心・宗
教心そして畏敬の念があります。道徳教育の目標には「……人間尊重の
精神と生命に対する畏敬の念を家庭、学校、社会における具体的な生活
の中に生かし……」とあります。畏敬とは「相手を優れた人物と思い敬
服すること」（三省堂国語辞典）、「崇高偉大なものを畏まり敬うこと」
（岩波広辞苑）とあります。昨今のニュースを見ていると、「畏まる」や
「敬う」といった言葉の意味さえ現代の若者には理解できないのではな
いかとさえ思います。そこには道徳心も宗教心も存在しないのではない
でしょうか。

　西洋（キリスト教）では神に背き人の道に反すれば罰が当たるとし
て、磔やギロチン、生きたまま皮膚を剝ぐ刑など、見る者を震撼させる
宗教画にそれらの教えが描かれ語り伝えられています。幼い頃からその
ことを教え込まれています。怖いもの知らずの現代の若者に必要な宗教

18

心・道徳心です。戦後50年、道徳教育を軽視する教育のつけが回ってきたとも考えられますがどうでしょうか。

3つ目には、目標を見失った子どもたちのことです。偏差値でランク付けされ、切り捨てられてお先真っ暗な状態で、頑張る意欲を失っているのです。知識の量（それが必要な分野も当然あります）だけで人間の価値を決定するのではなく、一人ひとりの個性を尊重し、しっかりと語り合い、その子にあった目標や将来の目標などを抱かせることが大切です。働く喜びを体得し自分の目標を持ったとき、非行体験のある少年ほど働くことへの意欲が高いという話をたくさん聞いています。

このように考えていくと、今の教育に必要なものは父性の原理の回復、道徳心や宗教心と畏敬の念の醸成、そして夢や目標を持たせること、ということになるでしょうか。複雑に入り組んだ現代病の治療はそう簡単に済むものではありませんが、教育の課題の具体的な一面として考えていただけたら幸いであると同時に、やり直しがきかない子育て・教育の営みの参考にしていただきたいものです。

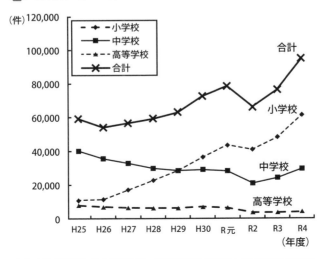

● 暴力行為発生件数の推移グラフ

令和4年度児童生徒の問題行動・不登校等生徒指導上の諸課題に関する調査（文部科学省）より

Chapter1 学校と子どもたち

■本当の心の居場所はどこでしょう⁉（不登校のこと）

　私は不登校（登校拒否）の子どもの指導に関して、かねてから最も大切な３つのポイントを主張してきました。１つは学校（学級）における友達との人間関係、２つ目には学校における先生との関係、そして３つ目に地域や家庭の問題です。学校・家庭（地域）、いずれにせよ不登校（登校拒否）の子に心の居場所が確保されているかどうかということが重要な問題なのです。

　心の居場所とは学級（家庭）の中に机や椅子があるといった物理的空間のことではなく、その子がクラスの皆から認められ、存在感があるという心理的空間のことです。机や椅子は確保されていても、拒否され、邪魔者扱いされている子がいたとしたら、その子は学校に行く気がするでしょうか。おまけに先生からも嫌われているとしたら、誰でもそんな学校（学級）に行く気はしないでしょう。現在の子どもたちはただでさえ社会の様々な問題を反映して心が不安定になっています（不登校の理由は多岐にわたりますが……）。だからこそ心豊かで思いやりのある子どもを育成すべく、心の教育の重要性が叫ばれている理由のひとつがそこにあるのです。

　文部科学省は補正予算で「〈心の教室〉整備のための補助事業を中学校２千校に340億円を使って実施し、３年間継続する」といっています。以前読んだ「冷房の効いた部屋で心の悩みを伺います。お茶も飲めます」という見出しの新聞記事を要約すると、その目的と内容は次のようです。

　「……ナイフ事件や保健室登校などに表れる中学生の不安やストレスを減らすため、２学期から一部の中学校にこんな空間が登場する。事業では子どもの数が減って余っている教室を改造して、生徒の心の居場所

となる空間を設ける。絨毯や畳を敷いた談話スペースや相談員の執務スペース、プライバシーが守られる相談スペースなどを設ける。靴を脱いでくつろげる雰囲気作りがねらいで冷房設備も設ける。保健室で大半の時間を過ごす〈保健室登校〉の生徒向けに保健室の隣に相談室を設ける。保健室のベッドに腰掛けている生徒には相談室に移ってもらい病気やけがへの対応という保健室の本来の機能を確保することも目的にしている。……」

　この事業に疑問を感じることが２つあります。１つは「心の居場所」の取り違え、２つ目には「保健室登校」の生徒の心情のとらえ違いです。荒れる中学生はそんな隔離された場所を望んでいるわけがありません。水を飲む気がない馬はいくら川に引っ張っていっても水を飲まないのと一緒です。「保健室登校」の生徒は心の病気の子どもなのです。腹痛や頭痛の子以上に深刻な病気なのです。優しくなんでも聞いてくれて無条件の受け入れとなんでも相談に乗ってくれる保健室の先生がいるからやっとの思いで学校に来ているのです。

　私はこんなことで中学生の居場所が確保できるのだろうかと信じられない気持ちで記事を読みました。文部科学省の考えたことですからもっと深い意味があるのかもしれませんが、本当の心の居場所とは何なのかについてもっと考えて欲しいと思っているのは私だけでしょうか。

　不登校の原因は様々で多岐にわたりますが、不登校の児童生徒に一番大切なことは安寧の場所ではなく、心の居場所の保障と、自分の居場所を主張し、皆から認めてもらう自己実現の保障ではないでしょうか。

　ハード面のみならず、ソフト面の充実が必要不可欠という気がしてなりません。

Chapter1 学校と子どもたち

感性を育てる

　子どもたちが心豊かに育ってほしいという願いは、親として誰でもが考えていることです。子どもたちが本来持っている素晴らしい感性を生かすも殺すも、実は親の感性の問題であり教師の感性の問題であるわけです。

　これは、子どもたちの育つべき感性を親や教師は十分に伸ばしきっているのかという警鐘でもあります。心の豊かさと言い換えてもいいかもしれません。美しい物を見て、美しいと感動する心、人の優しさに触れて温かい心の交流を感じ取れる、そんな子どもたちを育てていくことは、時代の強い要請でもあります。

　いじめや不登校（登校拒否）、非行問題の深刻さを受けて、文科省は「弱い者いじめを許さない、正義感と思いやりを児童生徒に教えてほしい」という通知を全国の学校に出しました。しかし教育現場ではその課題の重さと大きさは十分に理解できていても、具体的にどのようにしてそれらの心情を育てたらいいのかが大きな課題になっています。

　その課題の解決に向けて教育委員会もその方策を打ち出していますが、教育現場においては日々の教育活動を通じて具体化していかなければならない問題です。

　日本の教育制度では、西洋の近代合理主義や効率主義が理念の基本になり、効率の追求にかくれて、子どもたち一人ひとりの個性や感情といったものが二の次にされる教育の仕組みができあがってしまい、画一的な一斉主義によって知識の詰め込みの教育が長く行われてきたということが根底にあります。知識の量で優劣が決まる教育のシステムが定着してしまったのです。知識量で勝てなかった子どもたちは「ダメな子」という烙印を押されてきました。ところが自由な精神を持つ子どもほど、

22

知識の詰め込みから逃れ、自然を愛し心の自由を求めているのです。知識の詰め込み教育では、自然から学びとる心の余裕は少なくなってしまいます。その結果が子どもたちの心の荒廃を招いてきたことにつながっていくのです。その延長線上に不登校があり、いじめがあるという理屈も成り立つのではないかと考えられるわけです。

このように考えていくと、「感性教育」のねらいは、必然的に生きることの尊さを教え、他者や弱者に共感できる豊かな心情、人の心の痛みに共感する心情を育てることです。心を揺さぶる教育、感動体験や感激するような体験をたくさん持つことによって感情を豊かにすることです。自然に触れ、自然に学ぶ体験学習を増やしていくことです。

学力を子どもたちに保障することを否定しているのではありません。学力中心主義の陰に隠れて、大切なものを見落としてはいないかという警鐘なのです。とてつもない難題ですが、避けて通れない目の前の教育課題の解決に向けて小さな一歩から進めていくことです。例えば、家庭では飼うのが難しくなった動物の飼育も心の教育の一助です。自分で育てた小さな草花の開花に目を見張ることや、命の輝きを体験を通して学びとることから始めていかなければなりません。子どもの豊かな感性は、豊かな経験によって育まれるものなのです。

Chapter1 学校と子どもたち

感謝の手紙

先日のこと、A先生が「これ私の保護者からの手紙です。気恥ずかしいのですが校長先生にも読んでいただきたい旨、書いてあるので持って来ました」と言って私に一通の手紙を手渡してくれました。

その手紙の内容は次のようでした。「……私の娘は、A先生に担任していただく前は、学校生活に不安がありました。お友達に対して強い口調や態度であったらしく、担任の先生やお友達のおうちの方からずいぶん注意を受け、謝罪の2年間でした。母親の私も毎日が戸惑いだらけでした。その子がA先生に担任していただいてからというもの、日に日に目に見えるように変わっていくのがわかりました。毎日生き生きとして早く学校に行きたがるようになりました。授業参観ではわが子が手を上げるところなど一度も見たことがありませんでした。その子が手を上げ、先生や友達の考えに耳を傾けて〈聞く〉という態度を取るようになったのです。そしていちばん変わったところは人に優しい言葉をかけられることや、挨拶ができるようになったことです。子どもの結果だけを見るのではなく、努力したことや考えたことを評価してくださいます。そして子どもを大きく温かく包んでくださいます。だから子どもが勉強や生活態度等に努力するようになるんだろうと思いました。ただ優しいだけでなく悪いところはしっかりと叱ってくださいます。そして大きく包んでくださるA先生が大好きなんです。A先生はじめK小学校の諸先生方に感謝の気持ちでいっぱいです。K小学校に通う子どもたちは幸せだなあと思います。……（以下略）」

校長としてこんなに嬉しいことはありません。世の中というものは良くて当たり前で、悪ければ文句を言って相手を責めるといった風潮が強いものです（私自身もそうです）。そんな世の中でこのような感謝の手

24

紙をいただけるなんて感激してしまいました。これからも、こんな素敵な先生と一緒に頑張っていきたいと思っています。K小学校には、A先生の他にも素晴らしい先生がいます。それぞれの持ち味を生かし、よりよい教育の創造に向けて努力してまいります。

しかし私自身も含めて長所も欠点も持った人間のすることです。お褒めの言葉がいちばん嬉しいのですが、お気付きの点やご指摘もあろうかと思います。どうぞご遠慮なく申し出ていただきたいと思います。学校の言い分があればそれを言わせていただき、そうでない場合はしっかり言い分を聞いてきちんと受け止め対処します。

教育改革の真っ只中です。K小学校では、気を衒(てら)うことなく着実に改革の一歩を進めてまいります。

ジャイアント馬場さんのこと

　ジャイアント馬場と言っても、今の若い世代の人は知らないと思いますが、日本のプロレスリングの創始者である力道山の後継者と言われ、彼亡き後の日本のプロレス界を引っ張ってきた伝説のプロレスラーです。
　ジャイアント馬場は身長 209 センチメートル、靴のサイズ 34 センチ、元プロ野球選手（ピッチャー）です。
　当時（昭和 30 年代）、力道山の率いる日本プロレスリングは、テレビの普及とともに急成長したスポーツです。空手チョップで外国選手を片っ端からやっつける様は痛快そのものでした。
　鉄人ルー・テーズとの因縁の試合、鉄の爪キラー・カール・コックスとの流血の死闘、覆面デストロイヤーの 4 の字固めの責め苦、ボボ・ブラジルの強烈な頭突き、フレッド・ブラッシーの顔面噛みつきで顔面血だらけの力道山……当時の映像がくっきりと脳裏に浮かびます。
　当時中学生であった私は（も）プロレスに熱中していました。しかし不慮の死をとげた力道山亡き後は、プロレスの熱は少し冷めましたが、後継のジャイアント馬場とアントニオ猪木選手の活躍でなんとか興味を繋いで

はいました。フランスのアンドレ・ザ・ジャイアントとの戦いを福岡市スポーツセンターに兄と2人で観戦に行ったのも忘れられません。八百長試合か否かなど私の場合、どうでもよかったのです。観客を最高に楽しませてくれるスポーツとして大好きだったのです。

先述のとおり、ジャイアント馬場は高校を中退してプロ野球の読売巨人軍に入団しました。2メートル9センチの長身から投げる球は威力があったらしいです。野球選手時代の名前は馬場正平。そんな馬場正平選手は、ある日のこと下駄を履いて練習に参加してコーチにこっぴどく叱られたといいます。事情を聞いてみると、合宿所の馬場正平の大きな靴に猫が子を生んでいたのだそうです。どけるのがかわいそうでスパイクを履くことができずに下駄で練習に参加したのです。

阪神大震災の時はなにもかもかなぐり捨てて、若手のレスラーを引き連れて現地の救助に駆けつけています。瓦礫の中のファンクラブの会員の家を一軒一軒探し当てて救助し、物資を配って回っています。

中学生のときすでに足は13文（31.2センチ）高校のときの身長は190センチありました。しかし子どもの頃から、「喧嘩を売ったことも買ったこともない。ましてや人を殴ったこともない」と言っていたといいます。体格からは想像もつかない穏やかで温かくて心優しい寂しがりやの性格だったようです。

ひとり静かに読書することと絵を描くことが楽しみで、街に出歩くことはほとんどなかったといいます。力道山が暴漢に刺されたことと目立つことが嫌だったのが理由らしいのです。

追悼番組で馬場さんが最後に描いた絵が映し出されました。大好きだったハワイのホテルの一室から描いたという海と夕日の絵です。波の音だけが聞こえてくる静寂なあたりの様子、その波の音が静寂さをかえって増しているような一枚の絵です。プロレスの試合とはかけ離れた、想像もつかないほど物静かで穏やかな人でした。いつも笑顔を絶やさない、常にボランティアと福祉の気持ちを持っていた人でした。生きているうちに爪の垢を煎じて飲んでおけばよかったと思います。今どき数少ない名実ともに本当の大物でした。現在は兵庫県明石市に眠っています。

■パンダとチビ（ワンちゃん基金への募金のお礼）

　小学校の中庭で生まれた4匹の犬（パンダ、プユプユ、マメリン、チビ）は、その後すくすくと成長しました。プユプユとマメリンの2匹は里親にもらわれていきましたが、パンダとチビは学校に残り、子どもたちの手で育てられて今日に至っています。もう立派な成犬（大人）です。2匹とも生まれたすぐから子どもたちに抱っこされて育ったせいでしょう。子どもたちが大好きです。子どもの声がしただけでしっぽを振ります。躾けも結構行き届いていて、お座り、お手、おかわり、待て、よし……等聞き分けます。食べ物を前にしてじっと「待て！」の姿勢でいる様は可愛らしくてたまりません。朝、登校してからいちばんにパンダとチビのところに来て話しかける子、中休みには散歩に連れて行こうと待ち構えている子、給食の餌をたっぷり食べさせている子、放課後自分のおやつを手にやってきて、何やらお話ししながらおやつを与えている子……と様々な関わりがあります。「パンダとチビはもうどこにもやらないでね」とお願いにくる子もいました。

　しかし生き物を飼うということは結構大変です。餌代が必要です。給食の残菜だけでは栄養が不足しがちなものですから（土曜日、日曜日、祝日）ドッグフードはいつも必要としています。また狂犬病の予防注射や駆虫薬やフィラリア予防の薬、それに首輪やくさり、ノミとりシャンプー……などと、結構経費が必要なのです。しかし校区保護者の皆様方のワンちゃん基金への募金のお陰を持ちまして、どうにかつないでいます。募金いただきました皆様方にお礼申し上げます。また駆虫薬や餌を直接持ってきていただいた方もおられます。ありがとうございました。

　心の教育の必要性が叫ばれている今日、友達や自然（動物・植物）との触れ合いが大切な要素となっています。そこから子どもたちは豊かな

Chapter1 学校と子どもたち

感情や人間性を培っていくものであるからです。そこを出発点として考えていくことしか方法はないような気がします。自然体験の機会が非常に少なくなっている今日、本やコンピュータゲーム等の擬似体験ではその効果は期待できません。本物の自然体験を増やしていくしか道はないと言っても過言ではありません。

ちょっとおおげさではありますが、パンダとチビはそのための一役を買っていると思っています。これからも他に例を見ない学校の犬２匹をしっかり世話していってほしいし、心の豊かさを育てる一助になればと思っています。

黙々と世話をしている飼育委員会の皆さんにも感謝しています。

敬　愛

　福岡市中央区のＫ小学校の正門付近に二宮金次郎の石像があります。そしてその台座には「敬愛」という文字が刻まれています。二宮金次郎（二宮尊徳）といえば江戸末期の篤農家であり農政家で、陰徳勤勉を説く思想家でもあります。幼い頃から家計を助け、寸暇を惜しんで勉強に励みました。戦前は国定教科書にも掲載され、ほとんどの小学校（国民学校）の校庭に二宮金次郎の石像がありました（たいへん古い話ですが……）。その徳を称え勤勉を奨励するためです。

　しかし戦後になって校庭の二宮金次郎の石像は消え去りました（ほとんどが取り壊されました）。価値観が合わないという理由です。

　新憲法が公布され、戦後の日本は生まれ変わりました。主権在民（民主主義）、平和主義、基本的人権の保障が基本となる憲法です。二度と戦争への道を歩まないという強い信念で作られたものです。また一人ひとりの人権が保障される世の中の実現です。そのことは正しい選択であったと思っています。しかしそれまでの思想や教育観は古臭いということでことごとく排除されました。自由と平等が極端に主張される世の中の出現です。道徳教育は戦前の修身（徳目や価値観の押し付け）につながるものとして再び軍国主義になることを危惧して排除されました（道徳教育は人としての生き方考え方、人としての優しさや温かさを学ぶもので、狙いと方法において修身とはまったく違うものですが……）。戦後50年をすぎて道徳教育を軽視してきたそのつけが指摘されるようになってきました。特に若者の無軌道な暴走振りを指摘する意見がここ数年に多く聞かれます。

　最近、昔（戦前の教育）の良さや日本の伝統の良さを、もう一度見直すことが主張され始めました。二宮金次郎の石像もそのうちのひとつで

す。復古調です。今時、親の家計を助け働きながら勉学に励む若者がどれだけいるでしょうか。親の恩を顧みず自分だけで大きくなった錯覚を抱いている若者が多いのではないでしょうか。自由の履き違えをしている若者が多いのではないでしょうか。軍国主義の復活は到底否定されなければなりませんが、昔の良きものまで失ってしまったことに対する懸念も指摘されているのです。

　さらに憲法の精神を受けてつくられた教育基本法の見直しが論じられています。自由と平等の履き違えの結果が世相のゆがみと子どもの荒れを生み出しているのです。それらを反映した事件が多発しました。教育の行き詰まった状態を変えるために教育基本法の改定を急ごうとする機運が一段と高まっています。

　本校の創立記念週間の取り組みに地域の方（卒業生）をお招きしました。子どもたちに大先輩としてのお話をしていただき、「皆さんはK小学校に二宮金次郎の像があるのを知っていますか」「その像の台座に〈敬愛〉という文字が刻まれていますがどんな意味か（尊敬と親しみの気持ちで接すること）知っていますか」「これから二宮金次郎像の前を通る時は頭を少し下げて通ってください」と言って話を締めくくられました。今時そんな話をしてくださる方はほとんどいらっしゃいません。私たちに忘れかけた大切な物を与えていただいたと感謝しています。子どもたちはどんな気持ちでこの話を受け止めたでしょうか。K小学校には職員室の正面にも「敬愛」の書が掲げられています。

　K小学校に通ってくる子どもたちの成長と幸せを祈るとともに、より良い教育の実現と〈敬愛〉の精神を根底にすえた教育について想いを巡らせています。

国旗・国歌法が成立

　平成11（1999）年8月9日（月）、国旗・国歌法が成立しました。隔世の感をしみじみと覚えています。学校長として公教育を守る（法治国家である以上、法に基づく学校運営をすることが議会制民主主義を守ることであり民主主義の実行であること）という至って当然の責務の実行が困難な時代が長く続きました。法（学主指導要領）の実行と反対の立場の主義主張の板挟みで全国の校長は苦しみました。その結果、広島の高校では、卒業式での国旗掲揚、国歌斉唱に反対する教職員と校長として実行する責任との板挟みで、当日の朝まで議論に議論を重ねた末、卒業式当時の朝、校長は首を吊って自殺しました。これをきっかけに国旗国歌議論が一気に加速したことは事実ですが、議論に結論が見えないまま決断を迫られ、もがき苦しみ自殺にまでは至らないまでも、それに近い状態の校長は他にも全国に存在したであろうと推測できます。今はっきりと法としてその位置付けが明確になりました。長い間の議論の末のことなので隔世の感なのです。「法になったのでこれですべて問題は解決」とは決して思いませんが……。

　国旗の掲揚と国家の斉唱とを儀式等においてどのように位置付けるべきかの議論の争点は、一点"戦争"にありました。日本の歴史において戦争への突入の歴史は否定できない事実であり、日本は軍国主義による忠君愛国、八紘一宇の思想に基づく天皇主権による国家主義の一大統制の時代でした。戦争の結果、原爆を2個も生きた人間の頭の上に投下された日本国民はその悲惨な歴史的事実を決して忘れることはできないし忘れてはいけない。国旗・国歌の議論は常にその一点に集結しました。国旗・国歌を認めるということは軍国主義肯定であり戦争肯定者であるという論です。そして最後の国旗国歌反対の決め手は、「国旗・国歌が

Chapter1 学校と子どもたち

日の丸・君が代であるという法的根拠がどこにあるのか！」ということでした。

戦争の悲惨な傷跡をいっぱい引きずって終戦し、日本国は生まれ変わりました。日本国憲法は３大主義「平和主義」「基本的人権の尊重」「主権在民」を柱として掲げて日本は生まれ変わったのです。

憲法１条には「象徴天皇」についての規定がなされています。天皇は国民の統合の象徴として存在し、主権者は天皇でなく国民なのです。「君が代の君は誰をさすのか」という議論もずっと続けてきました（一部に議論不足ということが言われていますがとんでもない、教育現場では議論し尽くされているのです）。

戦後80年を超えようとする現在、オリンピック、プロ野球、Ｊリーグ等において、国旗（日の丸）、国歌（君が代）が、かなり定着してきました。しかし依然として、戦争の象徴として捉える反対派の考えは根深いのです。

今、国民の祝日において門や玄関に国旗を掲揚して祝いの意を表している家がどれだけあるでしょうか、非常に少なくなっています。このことは正に戦後50（80）年にわたる国旗・国歌（日の丸・君が代）反対の教育の結果です。アメリカでの話ではありますが、全員が起立して国旗の掲揚を見つめているとき日本の若者が座ったままガムをくちゃくちゃやりながら談笑していて顰蹙をかったということがありました。このことに象徴されるように今、日本には国旗や国歌に関して何の感情も湧かない無関心かむしろ反対という若者が多いのではないでしょうか。戦後50（80）年の教育の影響は大きいのです。

国際化の波は政治・経済のみならず教育においても国際理解教育として進行しています。このような時代にあって「自国の国旗を愛せずしてどうして他国の国旗を愛せようか」「隣人を愛せない者にどうして他者を愛せようか」という視点を踏まえて、自国に誇りをもち自国を愛することのできる国民の育成に向けて議論を深めていかなくてはなりません。

これからは公教育という視点に立ち、国旗・国歌についてその歴史的事実をしっかりと受け止め、平和国家の実現に向けて国旗・国歌を正しく子どもたちに指導していかなくてはなりません。強制など考えられません。強制ではなく心から自国の国旗・国歌を愛せる日本人の育成に向けて指導のあり方を考えていかなければなりません。二度と戦争への道を歩かない平和国家の実現に向けて一貫して国旗国歌に反対してきた人たちの気持ちを尊重しながら、このことを進めていかなければなりません。

Chapter1 学校と子どもたち

不易と流行（教育の本質をとらえること）

　最近、改革という言葉が流行です。時代の流れに乗り遅れまいと流行に敏感になり、なんでもかんでも新しいことの始まりのような世の中の動きです。その中で教育も「教育改革」「新しい学力観」等の名の下に様々な改革が始まっています。

　流行を追うことに必死になって、つい忘れがちになることがあるのではないかと考えてみました。大切な物を見失う危険性があるからです。それがこの「不易（変わらないもの）と流行」ということではないかと考えます。

　教育における不易は何か、流行がどのように本質につながっているのかを見極めないと、本当の改革にならないのではないかと考えます。

　「時代を超えて価値の変わらないもの」が不易です。流行は見えやすいけれども、不易はなかなか見えにくいとも言えます。

　「新しい学力観」ということが言われてかなりの年月が経ちます。その中心になっている考え方は、子どものやる気、すなわち学習意欲ですが、このことも本当は不易なるものであるはずです。しかしその手立て、方法において若干の違いがあります。

　例えば読書指導について言えば、昔は「読書百遍意自ずから通ず」ですが、今は学習意欲を大切にして子どものやる気を起こして主体的にとらえ、その結果としての知識の獲得を求めています。さらに具体的に言えば、国語科としての読解指導の方法は大きく２通りあります。言葉や文字そして文との新鮮な出会いを大切にした一読総合法の読書指導と、三読法といって通読−精読−味読の３段階の過程を経て主題に迫る方法です。一読総合法による指導が一時流行でしたが、オーソドックスな方法は三読法で、その過程で子どもの主体的読書への構えを引き出すため

に、一読（通読）した後、自分自身の読みの構え作りをしたり、課題を設定したりして、主体的な読みを通して主題に迫るものです。

　しかし「読書百遍意自ずから通ず」は間違った方法なのかというと、その真意はそう簡単に計り知れるものではありません。先日 NHK の番組で、チベットの高僧がマンツーマンで教義の真髄を教えている場面を見て考えました。最も初歩的な口伝えの繰り返しによる教育（読書）の方法です。歳の 12 〜 3 歳の少年は訳もわからぬ教義を繰り返し唱えていますが、真剣なまなざしは「わかりたい」と言う意欲に満ちています。

　切磋琢磨や叱咤激励という言葉も、今では流行の波に押された古い言葉であるかのような感じがします。スパルタ式の教育の方法は、体罰・訓練の古い方法として否定され、忘れ去られようとさえしています。

　他人を思いやる心、人として人の痛みがわかる心、自然を愛する心、豊かな人間性の育成等の心の教育も、今更言うまでもなく、不易に当たる内容です。人間性の基本に関わることとして昔からあった内容であるはずです。それらがことさらのように取り上げられ、時代の要請があるにしても、あたかも時代の最先端の流行語であるかのようにその本質を見抜くことなく教育で使われているとしたら、その教育は空回りするに違いありません。流行に敏感であると同時に不易なるものをしっかり見据えつつ、子どもとしっかり向き合って日々の地道な教育の営みを大切にしていくことが、今問われているような気がしてなりません。

Chapter1 学校と子どもたち

学力論争と評価

　「学力とは一体なんぞや」という議論はいつの時代もなされてきました。学力のとらえ方・考え方は、大きく変化してきていますし、学力をいかに保障するかという議論は最近特に重要性を帯びてきています。

　知識・理解の獲得を学力の本質とした時代は長く続き、今日の日本の教育の発展の原動力になったことは否めません。世界の児童生徒の学力比較においても常に日本はトップクラスを維持してきました。欧米諸国においては戦後の日本の復興と急速な発展の姿を見て「日本の教育に学び日本の教育に追いつけ」というスローガンが存在していたことがそのことを証明しています。

　そして今、そんな日本の教育における学力の考え方を大きく変換しなければならない社会の要請があります。すなわち知識・理解は豊富でも、その積極的な運用やそれを活用する創造力がなければ本当の学力とは言えないという学力に対する積極的要求が生まれてきたのです。つまり「学力を知識の量のみでとらえるのではなく、学習指導要領に示す基礎的・基本的な内容を確実に身に付けることに意欲・態度面を加えて、自ら学び自ら考える力などの〈生きる力〉が付いているかどうか」を真の意味の学力とするようになってきたのです。

　学力低下の問題を受け止め、「学力とは各教科の学力（教科で付けるべき力）を基本としながら、究極は〈読み・書き・計算〉が学力の基礎・基本である」という考え方（教育改革国民会議委員梶田叡一氏）です。

　文部科学省は学習指導要領の内容の発展や補充の学習内容として、円周率3.14の使用や、台形の求積についての指導の許容拡大を発表しました。学力低下が叫ばれることに対する対処のように感じます。教育現

場ではそのことを含んで新指導要領をとらえていたところではありますが、このような形で全国一律に発表されると混乱をきたす心配もあります。指導の根拠（拠り所）が揺らいでいるのですから……。しかし学習指導要領の目標や内容をミニマムエッセンシャルズ（必要最低限の目標や内容）としてとらえれば理解できますし、一貫した方法を失ったとは言えません。

　学力を評価する方法も大きく変換し、評価の在り方が大きな課題となってきました。子どもにどんな力を付けるのか、その力が付いたかどうかをどう見るかという「学力と評価」の問題が重大になっています。絶対評価は目標に準拠した評価ではありますが評価の規準（基準）が問題であり、教師の主観に基づく規準（基準）は信頼できるものであるかどうかといった心配があります。では、相対評価のほうが学力の客観的な評価でしょうか。相対評価はクラスにおける位置付けから「人と比べた結果としての評価」です。比べる相手が評価の基準となるわけなので、それが真に客観的な評価であるという断言はできないのです。

　つまり絶対評価は主観的で、相対評価は客観的であるというのは大きな錯誤なのです。絶対評価も相対評価も元はといえば主観から出発しているのですから。結論として言えることはより良い評価は、すべての児童が学習の結果を正しく受け止め、やる気を出し、学力保障につながる評価であるかどうかなのです。本来評価は、教師の指導の成果の把握と、すべての児童が、やる気を起こすことを目的として、作成されるべきものと思います。

Chapter1 学校と子どもたち

■「生きる力」の獲得を願う総合的な学習の本当のねらい

　第３の教育改革といわれる新しい教育制度と新指導要領の大幅改訂による評価は「学力低下」に代表されるように概ね批判的です。日本の将来を左右し動かし得る教育の大改定の趣旨は何なのかと改めて問うてみる必要があります。批判ばかりが先行して不安をあおっている現状では自信と確信をもって教育改革に踏み切れないからです。

　「総合的な学習」が本格導入されたわけです。知識の詰め込みではなく、自ら課題を見つけ、考え、体験を通して問題を解決する能力を育てることが総合的な学習のねらいです。体験が中心となるので各学校では地域の特色や子どもの興味を生かして学習のテーマを設定しています。したがって教科書がありません。教科書がないのでどこの学校も四苦八苦しているのです。さらに完全学校５日制や学習内容の３割削減などによって学力低下への懸念も手伝ってこの総合学習の成り行きが注目されています。

　「総合的な学習は学習指導要領の弾力化を目指すものなのです（文科省がいう最低ライン）。完全な知識を習得しても20年、30年後にはほとんど役に立たないだろう。そこで自ら課題を見つけ自ら学ぶという〈生きる力〉の意味があるのです」（有馬朗人〈元文部大臣〉）

　結論はこうです。「総合学習では知識の習得を急ぐのではなく、自分が課題を発見し、自ら考え、自分の体で課題追求の学習の仕方を学び、ひいてはそれが究極の目的である〈生きる力〉につながるような総合学習を展開していかなければならないのです」

　完全学校５日制は西欧諸国では随分以前から実施されています。先進諸国ではむしろ遅いほうです。子どもの自由な遊びの時間や、家族の触れ合いや絆を深める団らんに時間を割くことがいかに大切なことである

か気付くときがもうすぐくるはずです。

　学習内容の3割削減ということに関しては、新学習指導要領に示された内容を「最低基準」として各学校が個性的な教育を行えるようになったことを意味しているし、授業に魅力を持たせなさいということに他なりません。「教師がなぜこの教科を教えるのか」「どこが楽しいのか、面白いのか」「この学習がどのように人生に役に立つのか」「他の教科の学習とのつながりはどうか」「これからどのように発展して行くのか」等、教師の個性的・創造的な学習によって学習そのものが質的に高まり学習に魅力が生まれ、子どもたちも意欲的に学習を進めることによって結果としての知識の定着がよくなり真の学力が定着すると考えます。つまり、学習意欲を高め、学習の方法を身に付けていれば学校は休みでも、より有効な学習を自分のスタイルで自分から進んでするようになるのです（理想的すぎるかもしれないけれども究極のねらいです）。

　「学力が低いなら勉強を強制する。縛り付ける理由をもっともらしく設定してがんじがらめにして勉強させる。最も効率的な一斉授業で長時間拘束するような発想はもうやめにして、人は楽しいことは自分からするが、嫌なことからは逃げるという当たり前なことを今こそ実践すべきです」

　一方で、受け身の学習から脱して、子どもたちの主体性を育む総合学習の方向は間違っていないとする見方も根強くあります。感動の体験が子どもたちの興味・関心を高め、子どもが内に秘めている無限の可能性を伸ばすことにつながるとするプラス効果も多くの教師たちの実践によって明らかになりつつあります。自分の学習興味に基づいて自分の学習スタイルで勉強する子どもたちが増えてくることを期待しています。そのことは金太郎飴のようにみんな同じであることが美徳のような一斉主義ではなく、一人ひとりの個性を尊重する時代の流れにも相応するものであるような気がするのです。

Chapter1 学校と子どもたち

学校給食、好き嫌いのある子が80％

　給食をいただいた後、所用で給食室に行って給食の先生方と話していると、食器の返却にきた子どもたちが「ありがとうございました」と大きな声で挨拶をしていきました。とてもほほえましく思いながら、「よくご挨拶ができるね」と言って褒めてあげました。

　このたび学校給食に関する調査結果が日本体育・学校健康センター（現・日本スポーツ振興センター）から公表されました。その中で、学校給食の良い点として第1位となったのは「栄養のバランスがとれていること」で「弁当を作らなくて済む」「好き嫌いがなくなる」「友達と一緒に食べられる」「経済的である」「食事のマナーが良くなる」と続きます。また「学校給食に望むことは？」の質問に対しては「正しい食事のマナー」「栄養についての知識を身に付ける」「安全な食品を使用すること」と続きます。

　しかし「正しい食事のマナー」については、むしろ家庭の問題とする考えも多いのは、当然といえます。具体的には、箸やスプーンで食器をガンガンたたく、食器を持たずに口を食器に持っていって食べる（犬食い）。口の中に食べ物を入れたままおしゃべりする、三角食べができず、一品一品を食べあげていく、牛乳を一気飲みする。正しい箸の持ち方ができない、等です。「正しい食事のマナー」を家庭でも教えていると思いますが、現状を理解していただきたいものです。好きな食べ物では、カレーライスがトップで、シチュー、ハンバーグ、焼きそばと続き、嫌いな食べ物では魚類、レバー、ピーマン、にんじん、海藻類、豆類と続きます。食べ物に好き嫌いのある子が80％に達するという結果が出ているわけです。飽食の時代を反映している結果といえるでしょう。

　ちなみにS小学校では好きな食べ物のトップがカレーライスで、か

40

しわの唐揚げ、スパゲッティ、しゅうまい、うどんと続いています。嫌いな食べ物は和風あえ、大豆の五目煮、煮魚、ひじき、もやし炒めとなっています。

　給食室では、おいしい給食にいつも心がけています。味付けの工夫や、なるべく熱いうちに食べられるように出来上がりの時間を調整したりして、細かいところに気を配り、心を込めて毎日の給食を作っています。給食の先生方に感謝していただく気持ちも大切な指導といえます。

　「ありがとうございました」「とてもおいしかったです」ときちんと言える子どもがたくさんいることは、たいへん嬉しいことです。

● 年代別に見る学校給食

① 1889（明治22）年の給食（おにぎり、塩鮭、菜の漬物）

② 1923（大正12）年の給食（五色ごはん、栄養みそ汁）　写真提供：（独）日本スポーツ振興センター

③昭和初期から中期の給食（コッペパン、鯨の竜田揚げ、脱脂粉乳）

④昭和中期から後期の給食（パン、サラダ、グラタン、牛乳、みかん）

⑤平成・令和の給食（パン、サラダ、春巻き、丼、野菜スープ、フルーツゼリー）

農林水産省：ふるさと給食自慢（https://www.maff.go.jp/j/pr/aff/2006/food01.html）より

Chapter1 学校と子どもたち

心の交流を深める教育の創造

　小学校の大切な時期に、心の形成が重要です。学校における心の交流は、自他の存在の尊重、相互の結び付き、相手の立場の理解、相互協力などの事柄を日々の生活の具体的活動の場に即して体験することによって形成されていくものです。

　体験は自分自身の五感（視覚・聴覚・味覚・触覚・嗅覚）そのものですし、「為すことによって学ぶ」という実践でもあります。各教科等の学習とりわけ「生活科」「社会科」「総合的な学習」の学習において体験活動を行う中で、グループ学習、グループ活動などの集団活動等を多く取り入れ、集団活動において生じる様々な問題を体験させ考えさせる中で得るものが多いのです。集団活動においては自分の思い通りにはいきません。我慢したり耐えたりしなければなりません。こうした体験によって人と人とのかかわりの大切さや人間の生き方を学び取ることができるのです。

　人間が生きていくためには、体験で実感した「かかわり」の大切さを実生活に生かし、相互理解を深め、協力活動を進めていくようにしなければなりません。また基本的生活習慣、あいさつ、礼儀作法、会話なども人間として生きていく上で大切な事柄となります。

　教育は人間相互の信頼の上に成り立っています。その基盤が崩れると学級の荒れや崩壊につながります。なぜならば信頼関係のないところには、攻撃や懐疑や不信感などが渦巻いて冷たい人間関係のみが孤立するからです。学級集団、学年集団、全校集団と心をひとつにして一体感で結ばれ、ひとつのことを成し遂げた時のエネルギーと達成感・成就感は大きな感動として心に残るものなのです。教師は多くの感動を与える「かかわりの場」「体験の場」を意図的、計画的に設定する役割がありま

42

す。とりわけ「生活科」「社会科」「総合的な学習」の学習においては顕著です。学校が子どもたちにとってみんなと楽しくかかわりあえる場となるようにしなければなりません。

　豊かなかかわりを育てることは、幼児期や小学校低学年では常に見守ってくれる親や教師や理解してくれる人の気配があることが何よりも重要です。単なる親子だけの限られた関わりから、より広い関わりへと発展して、その結果として「自立」へと結び付いていくものなのです。

　人とのかかわりを求めていくと、大人の社会では価値観の多様に違う人々との出会いがあります。学校でも当然にたくさんの違った個性と出会うことになります。「個性」を認め合い共に生きていく心の広さを求められるのも集団における体験や「かかわり」の意味でもあります。しかし昨今の問題として、個性的な子どもが持ち前のよさを認められなくて「いじめ」の対象になったりするケースが発生して苦しい状況を生んでいることも事実です。学校生活の中でそのようなことがないように教師は常にいじめに対するアンテナを張り巡らすと共に、子どもたち同士が、当然にある様々な個性を認め合い、違いを認め合い、理解し合う集団として高まるようにしていく日々の教育の営みが大切です。

Chapter1 学校と子どもたち

学校2学期制！　（様々な制度改革の中で）

　学校2学期制が盛んに論じられるようになりました。仙台市がその先行実施をして話題になったものです。

　全国の小中学校での導入が増えてきています（といっても小学校の22.3％、中学校の20.4％ですが、今後も増えるであろうという予測があります）。

　学校2学期制とは、4月1日から9月30日までを1学期とし、10月1日から翌年3月31日までを2学期とするので、夏休みを10日ほど減らして学期の中間に「秋休み」を設けるというものです。教育委員会に学期の決定の権限（学校教育法施行令第29条の学校管理規則）がありますが、「いったい何のためにするのか！」が問題（重要）となります。

　メリットとして次の点が挙げられています。

　①始業式・終業式の回数が減る分（3回が2回になる）、日数の確保ができる（小学校で4日程度、中学校10日：中間期末の試験日の減少含）、②学習サイクルが長くなることで、総合的な学習の時間など継続的な課題解決の学習の計画が立てやすい、③学期の途中に長期休業が入るので、休暇の有効活用や努力の成果を成績に反映しやすいなどです。

　はっきり言ってどの理由も説得力がありません。理由が希薄なのです。なぜならばこれらの理由は同時に即デメリットになる要素を含んでいるからです。教師の側からは、成績付が2回で済み、事務の煩雑さが減少して指導に当たる時間が増えるので良いというわけです。しかし、「評価は細かく段階を追ってするほど信頼度と妥当性が増してくる」というアメリカの教育学者ブルームの形成的な評価（総合評価に対する言葉で指導の途中段階を細分化してする評価で、形成的な評価は今や教育界の常識です）の考え方からすると、このこと（2学期制）は大きなデ

44

メリットでもあるわけです。

　現状（3学期制）では、学期と学期の間に長期の休みがあって区切りがよいし、学期毎の季節にふさわしい学校行事が配置されているので年間の学習活動に効果的なリズムを生んでいるのです。それに暑い夏の間に10日ほど授業時数が増えることは問題であるし、また「通知表」が3回から2回に減れば本人や保護者にとって成績の把握が難しくなるであろうという心配もあります。また、中学校では中間・期末の試験が減る分、試験範囲が広がるし、試験回数の減少によって学習の動機付けが弱まるのではないかという懸念（中学校長談）もあります。このように考えてみると、2学期制に踏み切るには、もう少し様々な角度からの慎重な議論と点検と対処の具体的方法とが必要な気がしてなりません。

　学校改革は生きた子ども相手のことであり、将来の日本を背負って立つ青少年の育成にかかわる教育の問題であるだけに、決して奇を衒うことであってはならないし、慎重の上にも慎重に議論を重ね、熟考して対処すべき問題であると考えます。

⬡ 学期の区分状況〈令和4年度計画〉

	3学期制	2学期制	その他
実施している小学校等の割合	77.6%	22.3%	0.1%
（参考）平成30年度調査	80.4%	19.4%	0.1%
実施している中学校等の割合	79.2%	20.4%	0.4%
（参考）平成30年度調査	81.2%	18.6%	0.2%

調査対象学校数：小学校等（1235）、中学校等（1243）

文部科学省：令和4年度公立小・中学校等における教育課程の編成・実施状況調査より

Chapter1 学校と子どもたち

今こそ学校（教師）の力の見せどころ

　学習指導要領は文部科学省（文部科学大臣）が示す、学習指導に関する教育過程の基準となるものです。日本の教育の国民への浸透の原動力になったもので、世界の注目を集めるところです（ほぼ100％の国民が読み書きできる、全国津々浦々どこの学校を出ても一様の学力が保障される国であること）。この学習指導要領は、時代の変遷や社会の要請によりほぼ10年に一度の改訂を繰り返しながら今日に至っています。

　ところが第3の教育改革（明治・戦後・今回）といわれた改訂では、学校の完全週5日制の実施に伴って、教育内容を大幅に削減し「ゆとり教育」を打ち出し、削減した時間数に合わせるように「歯止め規定」を設けて、「これ以上は取り扱ってはならない」といった制限を加えました。しかし、学力低下をはじめ、様々な問題が生じた結果、文部科学省は急きょ学力重視の方針に転換をしました。指導要領も「示しているのは最低基準なので、発展学習や補充学習をしてよろしい」と説明をし直したのです（歯止め措置を外したことになる）。

　そもそも「教育に歯止め措置は似合わない！」というのが私の持論です。教育は無限（無制限）であると思います。学習を進めていくうちに結果としてより高度な内容に至っても、思考力や判断力の範囲において考え挑戦するところに教育（学習）のおもしろみがあるし発展があると思うのです。

　例えば理科の学習でひとつのテーマに基づいて思考を伸ばすために「イメージマップ」というものを使います。「概念地図」ともいいます。最近では「ウェビング法」といった表現もあるようです。これは正にイメージや思考の発展を図るための学習指導法のひとつで、ひとつのキーワードから次から次へイメージを広げていくやり方です。ただし、この

46

学習指導方法では教師個々の力量に左右される部分が大きいので、教師自身の研修を深め力量を高めることが大前提となることは当然です。

　この方法を総合学習の課題づくりに利用している学校もあります。この方法では自分の過去の学習経験を無制限に使い、駆使して思考を深め広げていくのです。したがって個々人の能力を最大限に伸ばすといった個に応じた学習方法でもあるのです。

　学会、財界など世間の学力低下の指摘に呼応するように、文部科学省はその諮問機関である「中央教育審議会」の答申を受けて、10年どころかわずか2年でその方向性の変更の検討にはいったのです。教科書の編纂などの期間を考慮に入れても、4年か5年で学習指導要領が改訂され実施されるようになると思います。その中のポイントのひとつが「歯止め措置」を外すことであり、基礎基本の重視や発展学習を含めた学力重視の方向になることは間違いないでしょう。ただ総合的学習導入の趣旨である学習意欲重視の方向は変わらないでしょう。

　歯止め規定を外すということは、学校（教師）の主体性や力量が問われることにもなるわけですから、これからの教育では学校もうかうかしてはいられません。学校（教師）の裁量が増えることとなり、学校（教師）自身が責任を持って自分たちの教育課程を創りあげていくことが要求されるといった時代が目の前に来ているといっても過言ではないと考えます。つまりこれからの教育では、文部科学省の指示待ちではなく、学校独自で地域性を最大限に生かす教育課程（活動）を創りあげるといったことが必要となってくるでしょう。そのことこそが正に「特色ある学校づくり」であり今こそ学校（教師）の力の見せどころなのです。

　さらに現在の学習指導要領では、ITの活用、英語学習のますますの充実、さらにリモート授業など数々の改革が行われています。しかし教育の本質は変わりません。様々な改革に振り回されることなく、常に教育の本質を見失うことなく、教育を推進していかなければなりません。

　令和3年、春の叙勲で旭日大綬章の元日本医師会長、横倉義武氏は喜

びのインタビューに「医療はどれだけ進化しても原点は患者の心に寄り添うこと」と述べておられました。教育も同じで、教育の内容がどれだけ変わっても教育の本質は変わりません。教育の原点は児童生徒一人ひとりの心に寄り添うことです。

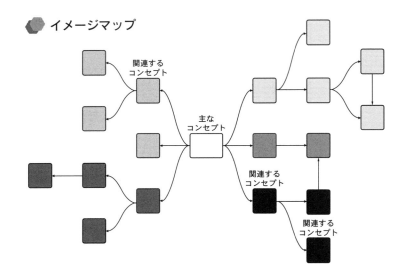

イメージマップ

学びの原動力

　小学校の先生が学習指導の準備をする時の基本的な観点は「子どもにとっての学びの原動力は何か」ということです。子どもにとっての学びの原動力は事物・現象に対する好奇心であり興味・関心です。「なんでだろう？」「どうしてこうなるのだろう？」「不思議だなあ！」といった素朴な感情の動きなのです。

　２、３歳の幼児の時からそれは芽生えます。「これなあに？」という問いかけの言葉です。大切なことは、そのような幼児期からの素朴な疑問や問いかけに親（特に母親）がどのような反応をしたかということです。「これはこうだよ」「これはリンゴよ」「これはトマトよ」「これは危ないよ、あっちっちよ」と答える会話の中に、好奇心をさらに伸ばし、興味・関心を示す探究心旺盛な子に育っていく要素が含まれているのです。つまり子どもが生来持っている知的好奇心をよりよい方向に育てるか否かは、幼児期の親（特に母親）の態度にかかっていると言っても過言ではないのです。

　私たち大人は、子どもたちの夢や挑戦心をどれぐらい育んであげているのでしょうか。好奇心を抱いたことについて深く調べ追求し、考え、答えを求めようとする過程で学びとることが多いのです。そしてその経験から自信が得られるのです。

　反対に旧来の教育では子どもたちに興味や関心がさほどなくても、一方的に教え込む授業が多くありました。その結果、知識が定着せずにすぐに忘れてしまう、応用がきかない等ということが問題となってきました。ただやらされているだけでは、勉強が楽しくなく、嫌いになり、さらにわからなくなります。「教育の課題のひとつは、この悪い循環をよい循環にスイッチすることである」と理学博士であり著名な数学者であ

49

Chapter1 学校と子どもたち

る秋山仁氏は述べています。

このような子ども主体の授業に学習のあり方を変えて、知的関心を引き出し、知的好奇心をくすぐり、その追求過程において意欲的に学ぶ姿を求めてスタートしたのが「総合的な学習の時間」です。総合的な学習によって学ぶ必然を会得して、応用力を養い、教科の枠を超えて通用する思考力や技能を養うこと。子どもたちが自ら知的好奇心から疑問を感じ、創意工夫と試行錯誤の探究を繰り広げていくことが大切です。このようにして子どもたち自身の中に学び方や問題解決力が育まれていくのです。

さらに秋山仁氏は、「子どもたちの頭を水槽に見立てて、知識という水をいくら注入しても、それは時の経過とともに蒸発して消え失せてしまうものです。それより調べ方や学び方を身に付けさせ、いつでも自力で知識や情報を獲得し、それらの知識を基にして次々と発想がわき出す泉を子どもたちの頭に掘り起こすことのほうが肝心なのです」と述べています。知識という学習の結果だけにとらわれることなく、知識にたどり着くまでの学びのプロセスこそが頭（思考力）を深く耕すことにつながる、と言っています。

学校ではもちろんのこと、家庭においても子どもが質問してきたときや、日常的な何気ない子どもとの会話において、知的好奇心をくすぐり、それからさらに、興味・関心がわくような対応に心がけることが求められます。

■ 将来は先生になりたいです。

　10月26日（火）、可愛い3人の先生（の卵）がT小学校にきてくれました。T小学校の卒業生で現在T中学校2年生（14歳）の3人です。中学校の進路指導の一環としての職場体験学習に小学校（母校）を選んだのです。3人とも将来の職業を「学校の先生」と決めているようです。元の担任の先生のクラスに配属しようかという意見もありましたが、甘えは禁物と意図的に他の先生のクラスに配属しました。3人ともきめ細やかな配慮と行動力とが要求される1年生のクラスに入りました。後日、お礼の手紙が配属担任の先生宛にきました。

　「拝啓　校庭のイチョウも色づきはじめました。○○先生におかれましては、その後いかがお過ごしでしょうか。さて、先日は私たちの職場体験学習のためお忙しい中に大切なお時間を割いていただき、また貴重な体験をさせていただき本当にありがとうございました。……今回の学習で教えていただいたことを大切にしていきたいと思っています。……△△先生、◇◇先生にもよろしくお伝えください。私も教師になるために一生懸命に勉強していきたいと思います。まずは書中にてお礼申し上げます。　敬具」

　なんとしっかりした文でしょう。なんとこまなやか配慮のある文でしょう（大人顔負け）。やはり自分の目標をちゃんと持っている子は違うな、しっかりしているなということを確信しました。

　T小学校では多種多様な職業を選択した生徒たちのニーズに応えるために努力されたようです。どんな職業でもいいから（とてつもない夢のような職業、大人の目からはちょっと首をひねりたくなるような職業、そんな！　大丈夫なの？　と言いたくなるような職業……と）将来に夢を描いてその夢に向かってがむしゃらに努力する（そのためには子ども

Chapter1 学校と子どもたち

自身が自分で決めたかどうかが問題です)ような子どもになってほしいと思います。夢が実現すればそんな素晴らしいことはありませんが、夢はくずれて結構、また次の夢に向かって努力すればいいのですから。そしてだんだん現実が見えるようになってくるのですから。自分で決めた自分の夢に向かって頑張っている子に非行は関係ありません。非行の入り込む余地がありません。この３人の中学生があと９年後に先生として教壇に立つことを夢見ています。

心の教育

　心の教育が叫ばれ始めたのは、高度経済成長の末のバブルの経済の頃、すなわち経済成長の頂点の頃からといえます。経済の豊かさや科学技術の発達は、そもそも人間の幸せ追求が目的であるわけですが、逆にそれらが人間を不幸に追いやっているのではないかと気付きだした頃から「心の教育」ということがいわれ始めたのです。日本の高度経済成長が今、問題を提示しているのです。科学技術や工業の発達もそうです。人間の幸せとは逆に公害をばら撒き始めた頃から何かおかしいのではないかと気付き始めたのです。環境問題もしかりです。かけがえのない青い地球が破壊されるような科学技術の進歩は本末転倒といわざるを得ません。科学の進歩とともに人間は楽をすることばかり考え、手足を動かそうとしなくなった。自然への働きかけも少なくなった。同時に感動（心の豊かさ）を失いかけた子どもたちの問題がクローズアップされてきているのです。

　心（感情）の形成が未発達の子どもたちは、実に様々な現象を生み出しています。信じられない凶悪な犯罪を平気で犯す。常識では到底考えられない行動をする。どうにかしないと心（感情）の豊かな成長は到底望めず、その結果として青少年（若者）による信じられないような犯罪はこれからも当分は続くかもしれません。

　京都大学名誉教授の大島清氏は、「人間の脳の発達にとって大切なのは大脳新皮質（人間脳）とよばれる部分の発達で、理性的な抑制の効果や人間の感情をつかさどる部分です。脳のソフトウェアは 10 歳頃までに完成するといわれています。人工的なモノでは人間の脳は育ちません。生まれたとき 400 グラムの脳には白紙の神経細胞が 1000 億個あって 4 歳までの間に模倣という学習によって脳が形成されていきます。大

53

脳新皮質のソフトウェアを豊かにするにはバランスのとれた刺激が必要
であり、五感（触覚・嗅覚・視覚・聴覚・味覚）すべてを使った刺激を
脳が受けることによって一つひとつの神経細胞にシナプスという蕾がで
き、そこに他の神経細胞が幾重にも絡んで脳が発達していく、そして
実に 10 歳ぐらいまでの間に脳の形成が完成されていく」というのです
（もちろんその後の体験や努力による成長、発達もあります）。

　子どもたちは本来自然の中で遊びたいという欲求を持っています。遊
びの中で子どもたちは実に様々なことを体験し学ぶことができます。そ
れが今、子どもから遊びが消えつつあります。テレビにしがみつき、タ
ブレットやゲームやスマホに心を奪われています。体を通した実体験で
はなく画像を通した擬似体験で本当の心の豊かさが育つはずはありませ
ん。本当の心の交流が期待できるはずがありません。子どもたちをもっ
と自然の中に解き放ち、子ども同士の遊びを通して本当の心の交流を体
験させていかなければなりません。

　しかし現実はコンクリートジャングルです。塾やお稽古に時間を奪わ
れて、日が暮れるまでドロンコになって遊んだ昔の生活は皆無に近いで
しょう。そこでせめて少しでも子どもに自由になる時間を見つけて与え
ることです。学校での子どもたち同士の触れ合いや切磋琢磨が重要にな
ってきます。助け合いや一緒の学習体験が意味あるものになります。時
には自分の主張を貫くことで喧嘩になったりもします。思うようになら
ないで悔し涙を流すこともあります。それらの仲間との触れ合いが人格
形成や社会性の第一歩として貴重であることを理解しなければなりませ
ん。

　このような子どもたちにせめて学校からしてやれることのひとつが自
然教室（3 泊 4 日）です。親元を離れテレビやスマホから解放され（日
頃から虜になっている）集団の中で自分の時間を自分の意思決定で行動
することの意味がクローズアップされてきます。

サマータイム考

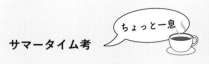

　拝啓、どしゃぶりの雨に梅雨明けが待ち遠しいところでしたが、意外にもあっさりと7月初旬に梅雨明け宣言！　その後に待っている猛暑にはうんざりですが、この暑さを乗り切って。後2月（ふたつき）もすれば朝夕の涼風が頬をなでる季節がやってくるとわかっているので、この暑さも凌げるものであると思います。

　つい先日、NHKテレビで、たしか「省エネルギー」の番組でした、その中でサマータイム制に論が及び是か非かの論議がされていました。一流の論者のその論はあまり的を射たものではなく賛否が論じられましたが、中でも一人だけ私も大賛成の論を展開する方（女性）がおられたことは少しだけ安心いたしました。つまりサマータイム反対です。私は38年間の勤務（公務）を終えた現在、世の中をかなり公平にまた達観した気分にも近い心境で正しく見ることができるようになったと感じています。

　私はサマータイム制度に大反対です。

　様々な問題が渦巻いている昨今、外交との関係、その他にも自国の力だけではどうしようもない難題がたくさんあります。しかしこのサマータイム制度の問題は純粋に国会で決められる類いの問題です。だからこそあえてこのような形ではありますが国民の一人として、この問題を放置するわけにはいかず「国会に届け」という気持ちを込めてNHKに託す意味で書いていますのでよろしくお願いいたします。

　かつてこの種の問題がありました。そしてそれは日本の国会で論じられ成立した「休日法（祝日法）」なるものです。あれにも私個人は大反対でしたが、国会の議論を見守るしかない立場の我が身ではどうすることもできずにとうとう成立してしまいました。

　敬老の日とはずっと9月15日で国民に定着していました。小学生でも知っていて、この日はお年寄りをいたわる日と認識し、遠く離れているおじいちゃんに手紙を書こうとか、毎日空気のような存在の家族の一員であるおばあちゃんの肩をたたいてあげようとか、この日をきっかけにして今

日まで長く生きてきたおじいちゃん、おばあちゃんの存在を改めて考えてみるよいきっかけになっていたわけです。ところが「第3月曜日」ということで年によって日にちはバラバラになってしまい、国民の意識が遠のいたと言われています。ついには子どもの意識からは完全に消えたとさえ言われています。成人の日しかり、体育の日しかりです。成人の日は1月15日、体育の日は10月10日で東京オリンピックの開会式の日という画期的な素晴らしい日なのでいつまでも国民は忘れないのです。

　月曜日にすれば連休になるという理由で変えたとのことですが、どれだけの経済効果か知らないけれど、心より物優先の経済至上主義の考えが顔を出しています。そうではなくそれよりも国民の心の豊かさや生きていることの幸せを感じ取れるような心の豊かさを最優先させるべきなのです。

　サマータイム制度は田舎で暮らしている人たちには大変迷惑な話です。自然の営みにはサマータイムは似合わないのです。それどころか脈々と続いてきた人々の生活をねじ曲げようとしているのです。日本の四季がなくなる。季節感がなくなる。「随分日が長くなりましたね」「日が早くなりましたね」……という会話がなくなる。それだけでなく農家の人や自然を相手に仕事をしている人たちはこの四季の変化が生活の物差しであるというのです。それにとどまらず冬の夜長に1年間の疲れをいやすのだそうです。そして朝が早くなる夏の季節には、それに応じた農作業のルールが決まっているのです。「時計をずらす分、時計にとらわれずに仕事を始めればいいでしょう」という人もいるらしいですがそれならはじめから時計をずらすなといいたいのです。

　ここでNHKテレビのサマータイムに関する放送の中で、反対の立場で発言した女性がまさに同じ意味のことを論じていたのが印象的でした。その論というのは「サマータイム制に賛成する企業が開始時刻を早めれば済むことであって、都会も田舎も日本中の時計を早めるサマータイム制の必要はない」という論であったと思います。私もこの論に大賛成です。

　四季の変化の良さを根こそぎ奪い去るサマータイム制に反対です。どうぞこの意見をサマータイム制度に賛成している国会議員に是非届けてください。心ある議員であればきっと耳を傾けてくれるはずです。

Chapter 2
家庭と子どもたち

■子どもたちの理科離れ（理科は科学への入り口）

　子供たちの理科離れの傾向がいっそう進行しているといいます。

　小学校から大学院まで、日本の理科教育の危機的な状況が取材されています。教育にその課題解決を期待するというのですが、取材によると教育現場の理科離れの状況というのは、次のようなことです。

　「かぶと虫が死んだ。子どもたちは近くのコンビニに死んだかぶと虫を持っていき、『これに合う電池をください』と言ったという」また「花に肥料をやりなさいと言ったら、子どもたちは花びらにせっせと肥料をかけ始めたのだそうな」……また、真偽のほどは定かではありませんが理科的・科学的常識不足の有名な話として、ある家庭の主婦がびしょ濡れになった子猫を、手っ取り早く乾燥してあげようと、なんと電子レンジに入れてチンしたという、この話だけはびっくりおったまげで決して忘れられません。

　このような理科離れの傾向はもはや笑っては済まされない状況です。学校教育が受験勉強にしわよせされて、時間と手間がかかる実験や観察を省略して、机上の空論で済ませたならば、どうでしょうか。科学的な思考力は育つわけがないのです。

　自分の手によって実験をし、植物を育て、観察を続け、確かめて（たまに失敗もし）こそ自然に科学的な思考力や判断力、科学的な物の見方、考え方が身に付いていくものです。

　子どもたちの現状は、子どもを教える教師たちの問題でもあるし、家庭の問題でもあります。理科好きな子どもをどのように育てるかの問題です。本来子どもというものは、いたって好奇心が旺盛です。未知のものに対する興味・関心は、大人のそれとは比べようもないのですが、気付かない所でその興味・関心を十分に伸ばしきっていないのです。例え

ば蛙をつかまえてきた子どもに対して、「汚いからやめなさい」「早く手を洗って！」という。アゲハの幼虫をつかまえてきた子どもに「気持ち悪いから、すぐ捨てなさい！」という。この調子では、せっかくの興味・関心をその入り口で駄目にしてしまっています。そうではなく、「この蛙は何という蛙なの」「蛙は何を食べて大きくなるのかな！」「餌をやらないと死んでしまうよ」「アゲハの幼虫は、完全変態で、卵から幼虫になり、そしてさなぎになって動かなくなり、やがてさなぎから成虫になるんだよ、しっかり観察して確かめてみたら」（ついでに観察記録でもつけることができたらもっと素晴らしい）……。

　生活の中に潜む様々な事象について科学の目で的確に捉えることが求められています。家庭における科学的思考力育成の原点は、親の対処の仕方ひとつにもかかっています。

◆ 理科への認識の変遷

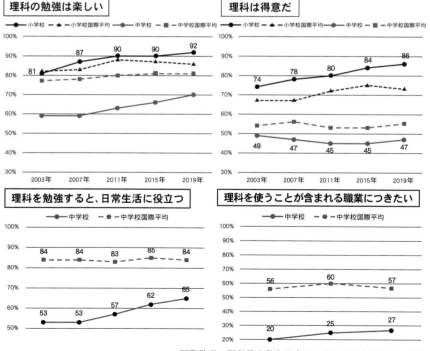

国際数学・理科教育動向調査（ＴＩＭＳＳ２０１９）より

N君のこと

　深夜、遠くから暴走族の不必要な空ぶかしの爆音が聞こえてくると、その度に、私は以前担任をしていたころの隣の組のN君を思い出します。とても素直で子どもらしい、笑顔のすてきな子でした。

　ところが小学校5年生ごろから、仲間4〜5人で、たむろして煙草を吸い始め、6年生ごろには、同じ仲間とシンナーに手を出しました。別の子どもの通報でその場所に行ってみると、橋の下の盛土の一角にシンナーの瓶が転がっていました。私は隣の組のことと思えず、授業中に教室を抜け出したN君を追っかけて連れ戻すことが度々ありました。

　誰もいない宿直室で2人で話をしたこともあります。「どうしてこんなことをするとね」「……」「こんなことばしたっちゃ、なんにもならんだろうが、体にもとても悪いとよ」「……」。何回も何回もこのような会話が続きました。たまには本気になって強く厳しく言い聞かせたこともありましたが、依然としてやめませんでした。

　私はその原因をいくつか探り当てました。母親が仕事に多忙で子どもに手が回らないこと。子どもとほとんど接触する機会がないこと、一週間家を空けることもあったらしい（これは母親の愛情が一番求められる大事な幼児期からずっと続いていました）。加えて、家に帰るとじいちゃん、ばあちゃんの世話が主で、期待が大きく、いつも注意と小言ばかりを言われ続けていたこと。学校では注意散漫で（集中力がないのは精神が不安定であることの表れです）、学力がほとんど身に付いていないために、先生からほめられることもなく、いつも叱られっぱなしです。

　「煙草やシンナーをやると、急に大人になったような感じがした」といいます。初めて自分が自分であることを実感できたらしく、自分の存在感を自分で演出していたのです。本当のところは、大好きな母親の注

意を引きたいというのが理由であることを感じていました。私は、本気でN君を叱る気になれなくなり、じっくりと長い時間をかけて話し合いました。「お母さんに会いたいっちゃろ？」と言うと黙って下を向いていました。しばらく沈黙が続きN君のうつむいた目からひとすじふたすじ、涙がこぼれ、それを見られまいと、N君はさっと洋服の袖で涙をぬぐいました。

　子どもが荒れるのには必ず原因があります。友達、先生、親……その子をとりまく周りのどこかに必ず原因が潜んでいます。N君は親の愛情不足による精神的不安定や欲求不満を煙草、シンナーに求めました。悪事を働くことで、自分の存在を示すとともに、周りの注目、とりわけ母親の注目を引こうとしました。また、学校でも家庭でも地域でも誰からも認めてもらえない自分を発散する方法がそれらの行為であったとするなら、どうでしょうか。

　私自身もN君に対して理解するよう努力しました。大きくあたたかく接するよう心がけました。声を掛け励ますよう努力しました。そんなある日、N君から修学旅行の土産をもらいました。今も私の部屋に飾っているその飾りを見るたび、暴走族の爆音を聞くたび、今でもN君を思い出します。卒業して5、6年経った頃、暴走族に入ったという噂を耳にしましたが、それ以来N君には会っていません。

　子どもに罪はありません。それは甘やかしの意味とは違います。非行に走る前にどれだけその子の立場に立つことができたかです。どれだけその子のことを理解してあげられたかです。N君に何でもいい、何かに打ち込むことができて、自己実現と自分を肯定できる場の保障ができていたら、と考えます。

　また、N君の心の叫びをどれだけ捉え、聞いてあげることができたのかが問題であると同時に、多感な時期の親の愛（特に母親の深い愛情）が、いかに大きく必要であるかをN君は無言で語っています。

　N君に会いたい。君が幸せに暮らしていることを心から願っています。

家庭の教育力の回復

　基本的な生活習慣すなわち、あいさつ・手洗い・トイレの使い方……から、箸の持ち方まで学校教育にその指導を求めるまでになりました。この現状に対し、学校ですべき内容と家庭の教育に任せるべき内容とに分類して統合し、整理することが必要です。

　それは、核家族化といわれ、家庭の教育力が減少したといわれる今日（もちろんすべての家庭に当てはまるわけではありませんが）、家庭だからこそできる教育の内容を再構築することです（難しく考えないで、昔の大家族の時代に自然に培った様々なことです）。昔は、大家族ならではの家庭のルールがありました。躾けがありました。家族・きょうだいが多かったのでそこに小さな社会が存在し、社会のルールを知らず知らずのうちに身に付ける機会がありました。わがままは許されない小さな社会の掟がありました。弟や妹の出産を目の当たりにしたり、肉親の死に直面したりして、命の尊厳を体験をとおして知ることができました。家族の誰もが生きるために生活上の役割を分担し、家族の歯車の一部になっているという自己の存在感を身を以て体験することができました。昔の大家族の家庭には、このような自然のうちに身に付く家庭の教育力が無意識の内に存在していたのです（このことを総称して家庭の教育力といいます）。

　それに比べて今の家庭では、どの程度の教育力が存在しているのか、お母さんは一度チェックしてみてください。昔と同じような教育力を自負する家庭もあることでしょうが、おしなべて考えると、家庭の教育力が極端に減少していると考えられます。核家族の上に、共働き家庭では、なおさらと言えるでしょう。暇を持て余し、オタクになってしまい、スマホやパソコン相手に、いかに多くの相手を殺しやっつけるかに終始し

Chapter2 家庭と子どもたち

こだわり続ける毎日を過ごしていたら、子どもはどう育つでしょうか。
答えは自明の理なのです。心豊かな心情は育ちにくいのではないでしょ
うか。命の尊厳に気付かないのではないでしょうか。

　これからは、教育内容を再編成し、スリム化し、知識の詰め込み式教
育から脱却し、子どもの興味関心や学ぶ意欲を大切にする教育の推進が
必要です。創造性を重んじ、一人ひとりの個性を尊重する教育の推進が
必要です。

　家庭の教育力の回復と学校教育内容のスリム化は、これからの教育改
革の大きな流れになっていきます。

　今日の核家族では、家庭の教育力は育ちにくい環境にあると言えます
が、その中にあって必要最低限の家庭の教育力を具現化していくことが
求められます。父親の役割、母親の役割、子ども一人ひとりの役割をしっ
かり決めて実行することです。そうすれば、家族それぞれが存在をしっ
かり認め合うことができる温かい家族の絆が生まれます。

64

家庭学習について（積極的に勉強する子）

　よく聞く話ですが、「うちの子はまったく勉強しませんがどうしてでしょうか」。……その原因で一番多いのが親が「勉強しなさい。勉強しなさい」と口うるさく言い続けた結果、子どもがまったくその言葉に感じなくなってしまっているケースです。また、子ども（小学生）たちは、勉強とは何をどうすることなのかよくわかってないのですから「勉強しなさい」の連発はなんの効果もない、むしろ逆効果と考えたほうがよいのです。そこで、家庭での勉強の仕方について述べてみることにします。

　1. 復習（その日に学校で勉強したことと同じことを家庭で自分の力でやってみること）

　人は忘却することが基本という原則に立つことです。下図でAでの学習量は、時間の経過とともにBまで減少します。さらにCまで落ちますが、Bで復習するとまた100%まで戻りまた時間の経過とともにDまで落ちますがBより落ち方は減少しています。さらにFまでと学習定着度は復習を重ねるごとに増していきます。そこに復習の意味があるのです（宿題は大部分がこの復習です）。

　さて、復習の仕方ですが、まず教科書（今日習ったところ）を読むことから始めます。すべての学習は読むことが基本です。算数では問題を自分の力でやってみること。学校と同じ問題ですが自分の力でやってみてできると自信につながるものです。ところが、自分

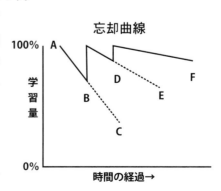

Chapter2 家庭と子どもたち

でできないとこりゃ大変ということになります。できるまで自分で考えてみることが勉強です。それでもできないなら「明日、先生に聞いてみよう」と、学習意識が芽生えてきます。

　２．予習（明日から習うところを自分の力で考えてみること）も、まず読むことから始めます。読むこと＝考えることです。わからなくて当たり前ですが、そこにまた明日しっかり聞こうという学習意識が芽生えます。予習をするとしないでは、次の日の勉強時間の目の輝きが違うはずです。また良く理解できるはずです。どこがわからないかがわかっているからです。予習で自分の力で考えて理解できるとさらに自信につながることは間違いありません。

　３．発展学習（復習・予習ができて時間に余裕があればする）……理解が定着します（この種の宿題もあります）。
　参考書でさらに詳しく調べてみること。別の先生に習っているかのように学習興味がさらに増してきます。
　問題集をして理解度を確かめてみることも発展学習です。さらにむずかしい問題に挑戦することで、自信がつきます。

　４．自由研究（調べ学習）本当の意味（究極の）の家庭学習と言えます（この種の宿題もあります）。
　好きな分野や、興味のあることを詳しく調べてみることです。学習に面白みや深みが出てきます。

　★家庭学習が定着するまでは具体的にアドバイスしてください。「勉強しなさい」ではなく「国語の本を読んで聞かせてね」「今習っている漢字を書いて見せてね」「書けない時は10個書くと覚えるよ」「計算ドリルを時間を計ってしてごらん」「今日は何分でできたかな」「リコーダ

66

ーが上手ね。お母さんにも聞かせてよ」……等々です。

☆家庭学習の環境作りも大切ですね。学習時間帯の習慣化やテレビとの関連も重要な要素です。見たい番組は見せることが基本です。だらだらテレビを見せることは駄目です。見たい番組を選んで決めて約束することです。

◎家庭学習は押し付けでなく自主性が大切です。また担任の先生の考え方をしっかりと踏まえて取り組むことも大切なポイントと言えます。自分なりの学習の仕方がわかれば、あとは習慣化・定着するまで親のカバー（アシスト）が必要です。もう一度言います。「勉強しなさい！」は言ってはいけません。

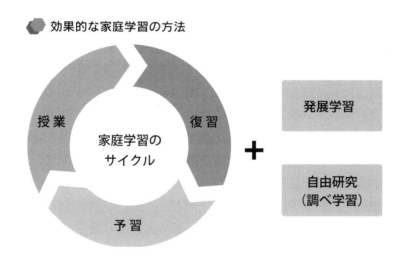

効果的な家庭学習の方法

Chapter2 家庭と子どもたち

頭が良くなる育て方　8カ条

①わが子を信じ、可能性を伸ばす

お母さま方は、わが子に何らかの期待を必ず持っています。内に秘めた思いとしてどこかでわが子に期待しています。当然です。しかしその結果として、このように育てたい、こう育ってほしいという願いが押しつけとなって子どもの心を傷つけ、子どもを型にはめ、伸びる芽を摘み取ってしまっているのです。

そうではなく、わが子の可能性を伸ばすということは、信じることです。わが子のあるがままを受け止めることです。

わが子を母親の思いや型にはめ、伸びる芽を摘み取ってしまったなら、あの発明王のエジソンは生まれなかったでしょう。勉強のできないちょっと変わった子として幼少期を過ごしたエジソンは、母親が偉かったのです。わが子に大きな期待はしませんでした。しかしわが子を信じ、好きなことは好きなようにやらせました。決して周りの子と比べたりもせず、その結果、エジソンは、自分の好きなことには、ご飯を食べることも忘れて熱中する子どもへと成長していったのです。そしてあの世界を驚かせる発明王エジソンが誕生したのです。

②知能は後天的な要素が大きい

「天才は1％の才能と99％の努力」という言葉のとおり、知能（能力）は後天的に勝ち取ることのほうが大きいのです。

特に幼少期にどのような教育を受けたかによって子どもの将来が決まるのです。

どうせ遺伝だからと諦めてはいませんか。もしそうだとすれば、子どもを育てる意欲はなくなるでしょう。

しかし、今まで多くの親が、わが子を信じ、その成長を願い一生懸命に育てた結果、親を追い抜く素晴らしい成人へと育ったケースはたくさんあります。

　それらの親に共通する部分があるとするならば、その子育てによってかなりの確率で親を追い抜くような子どもの育て方がきっと見つかるはずです。

　それは「やる気」を起こさせることです。そのやる気の根源は「興味・関心」です。子どもが興味・関心を示すことに、親も同調し理解を示すことから始めることが大切です。

③ TV（テレビ）は見せない

　東大に入った子どもの多くは、テレビをあまり見ていないという調査結果があります。ほとんど見ていないケースもあるようです。そのわけはわかりますね。テレビは受動的で、一方的な受け身にすぎないことです。子どもの主体性はまったくといっていいほどありません。そして実に多くの無駄な時間を無意味に（たまには役に立つことはあるでしょうが）過ごしてしまいます。

　興味・関心のかたまりのような子どもの時間を無駄に使ってはいけないのです。友達関係などで、どうしても見たいテレビは、時間を決めて見せることは是とすべきでしょう。ダラダラとテレビを見せることは絶対にやめるべきです。

④家庭での勉強のさせ方

　「テレビは見るな、勉強はしなさい！」では、子どもは勉強しません。ますます勉強が嫌になります。自分の勉強のスタイルができるまでは、「このように勉強しなさい」と学年に応じて勉強の仕方を教えることです（勉強のさせ方は65ページを参照）。

69

Chapter2 家庭と子どもたち

⑤好きなことを好きなようにやらせる

本来（生来）、子どもは興味・関心のかたまりなのです。世の親（特に母親）は「あれはしたら駄目、それをしたら駄目」の連続で子育てをしています。もちろん大けがや死に至るようなことは「駄目！」ときっぱり禁止すべきですが、それ以外は自由にやらせるべきなのです。生来持っている子どもの興味・関心が学習意欲にまで発展すれば、もうしめたものです。子どもは勉強の楽しさ（魅力）をどこまでも追求するようになります。エジソンは、興味のあることに没頭（熱中）すると、食事もとらず、夜になってもやり通す子どもに育っていったのです。

親の手伝いがあるとすれば、子どもの興味のあることに触れさせてやることです。子どもはどうしても行動範囲が狭いので親にできることは、子どもの興味を広げるために行動範囲を広げるお手伝いは積極的にしたほうがいいでしょう。

⑥経験を大事にする（興味のあることに触れさせる）

子どもは何もかもが初めての経験ですから、することなすことすべてが驚きの連続である訳です。大人とは比べものにならないようなワクワクと心を踊らせることばかりなのです。そしてそれらの経験の積み重ねによって様々な知識や能力を身に付けていくのです。ところが世の親の多くは、その貴重な経験の機会を奪い「それは駄目、あれは駄目」とせっかく経験（体験）の機会を奪い取っているのです。子どもにとって経験・体験は重要な成長の糧なのです。

⑦どのように興味を持たせたか

学ぶことに対して親も積極的な姿勢を持つことです。両親も勉強するのです。その姿勢が子どもにどう映るのか。親はインターネットやテレビに興じて、子どもには「勉強しなさい」では、子どもの心理はいかがでしょう。自明の理ですね。親が興味を示すことには、必ず子どもも興

70

味を示すのです。

　⑧語彙力を増やす

　学ぶということは言葉の蓄積です。学ぶことすべてが言葉に置き換えられて「知識」として蓄積されます。赤ちゃんは親の口から一つずつ言葉を覚え、それらが言葉があらわす概念へと発展し、やがて高度の抽象概念を身に付けていきます。語彙力を増やすことは、知識や知能の発展へとつながっていきます。

　日々の生活の中で、親はできるだけ多くの言葉を投げかけてください。子どもと話すことです。子どもとの会話が多いほど、子どもの知能は伸びていくのです。

Chapter2 家庭と子どもたち

「子どもの遊び」について

　子どもは遊びを通して様々な成長を遂げていくものであることは周知の通りでしょう。ところが最近、子どもの心身の成長にとって不可欠な遊びが十分に保障されていない状況が指摘されています。

　「外で遊ばなくなった子どもたち」……。その理由は実に様々です。勉強に追われたり塾通いをしたりと、とてもそんな時間がない。お稽古の時間に追われてとてもそんな時間が取れない。家の中でコンピュータゲームをしていたほうが楽しいし、パソコンにも慣れて一石二鳥である。世の中が物騒でとても公園など、外で子どもたちだけで遊ばせられない……などなど。

　子どもは遊びを通して社会のルールの基礎（ミニ社会経験）を自然に身に付けていきます。人との関わりの基礎を自然と学んでいくものです。その中には思いやり、優しさ、仲間意識、競争意識、共同意識……とたくさんの要素が内包されています。仲良く遊ぶコツを自然に体得したり、たまには喧嘩して叩いたり叩かれたりして気まずい気持ちになって悔し涙を流したり、自分が悪いと思えば「ごめんなさい」と謝ることができたり……と遊びには様々なことが含まれます。人間としての感性の豊かさや生き物を慈しむ命の尊厳などの感情もこの時期に形成されます。

　人との関わりが少なくなった少子化時代の子どもの心身の健全育成について小児科医の前川喜平氏（慈恵医大名誉教授）は「子どもはある時期に必要な体験をすることが大切です。乳児期はお母さんをはじめ周りの人に愛されているという感情であり、幼児期以降に大切なことは〈遊び体験〉である。親は遊びを無駄な時間としてしか見ていない場合が多い」と、また小児精神学の渡辺久子氏は「家庭はまず幼い命を温かく育む〈母性の原理〉の場であるべきであって、効率優先のビジネスの原理

とは異なるべきであり、遊びを非効率的とするそのずれによって登校拒否、いじめなどの様々な子どもの心身症が増えている」と警告しています。

　教育の原点といわれるルソー、ペスタロッチ、コメニウス、フレーベルは子どもの世界（遊び）を大切にし、体験や直感を重視し、子どもの特性や人格を認め、人として接する中で育てていくべきと主張しました。

　中休みや昼休みの学校の運動場では、実に様々な遊びが展開されています。自然発生的に集まった仲間同士でいつものゲームに興じています。寸暇を惜しんで外で遊ぶ子はことのほか少ないように感じますが、個性に合わせて図書館で物静かに本を読むもよし、係活動に没頭している子がいてもよし、個々の子どもの体験がそれぞれに成長の糧になっていると考えるからです。学校で子どもたちは実に様々な体験を通して日々成長しています。特に遊びは無意味なようで子どもにとって実に大切なものということを理解してほしいのです。

　塾やお稽古を否定するつもりは毛頭ありませんが、子どもにとっての遊びの時間の確保は、このような意味からもとても大切なもので、現実的には両立させる生活（時間）の工夫が必要であると考えます。子どもは遊びを通して成長していくということを肝に銘じて認識すべきです。

Chapter2 家庭と子どもたち

■「親子で育てる人権意識」

　IT 革命といわれて世の中にはパソコンや携帯電話があふれています。今までとは違った形での「差別事象」が起こり始めています。SNS やメールで差別的な文章を一方的に送り付けるといった顔の見えない時代の差別的な事象が起こっています。

　また今の子どもたちは本を読まなくなっています。語彙が貧弱で「ガチで」「マジで」「ヤバい」で会話が成り立つような若者が増えてきているといいます。さらに自己中心的な行動を平気でする若者が増えてきています。成人式での理解に苦しむ言動や所構わず地べたに座り込むようなこともそのことを象徴しています。自由気ままに振る舞う若者が横行しているのです。

　したがって親、とりわけ母親は、自分の子どもをそうはさせまいと型にはめて育てようとしますが、自分の子どもは自分の思うままになるという考えは大きな間違いです。子どもを自分の所有物と考えてはいけません。親とは違う別個の人格を持ったひとりの人間として見ていかなければなりません。自分の思うとおりに育つと思ったら無理が生じます。子どもは自分探しの旅に出るのです。そして曲がりくねった道で様々な体験をしてやっと一定の場所にたどり着くのです。親が思うように一直線には到達しないのです。

　ですから、母親は太陽であるべきだと思います。何かあったら母親の元に戻る。無条件に愛してくれる人がひとりいれば生きていけるのです。

　また、きょうだいを比べてどうのこうのと言うことも決してしてはいけません。やがてはお互いをライバル視するようになります。きょうだいを一人ひとり別個の人格として認めて育てると仲の良いきょうだいになります。

ある結婚式に出席された方から聞いた話ですが、おとなしくおっとりした姉と、正反対のおてんばでジャジャ馬の妹があまりにも仲が良いのでその理由を母親に聞いてみたところ、「決して２人を比べることをしませんでした。姉は姉、妹は妹と別個の人格を認めて育ててきたからでしょう」という返答だったそうです。

　多くの母親は、自分の子どもを立派に育てたいためでしょう、いつも「だめだめ」の連発です。朝から「早く起きなさい」「早くご飯を食べなさい、何をぐずぐずしているの！　学校に遅れるよ」「あなたはなんでこんなにぐずなの」「はい忘れ物よ」「またこんなことしてだめよ」「なんて駄目な子なの」。……子どもをまったく認めようとしないし褒めようとしない母親が多い。保育園でのびのび遊んでいる子どもがそんな母親の姿を見た途端に、さっと態度を変えて良い子を演じようとしている姿はそのことを物語っています。親の前だけは良い子であろうとするのです（いい子症候群）。

　誰からも認めてもらえない子どもは、自我意識が芽生える頃、一人の新興宗教の教祖がうなずいて聞いてくれた、自分を認めてくれた、そんな言葉に何の疑いも持たずに入信していくのです。そんな子どもを育ててはいけません。親はもっと自分の子どもを信じて、良いところを褒め認める努力をすることが大切なのです（７つ褒めて、３つ叱る程度がよい）。

　日本の親とアメリカの親とのわが子に対する比較データがあります。「あなたは自分の子をどうとらえていますか？」という質問に対して、アメリカの母親の92％が「子どもは私の誇りです」と答えました。それに対して日本の母親は26％であったそうです。自分の子どもを信じきれない母親の実態が如実に表れています。

　次の調査も日本の親の在り方を物語っています。「他人に迷惑をかけてはいけません」「嘘をついてはいけません」という調査について日本の親は人間として基本的な大切なことを子どもに指導していないという

実態が見えます。人に迷惑をかけても「ごめんなさい」の一言が言えない日本の若者がいます。最近の子どもたちは人の命を大切にできない子が多いようです。それは自分を大切にできないからなのです。何をしても駄目駄目と自分を否定して育っているからです。自分を大切にできない子がどうして他人を大切にできるでしょうか。同和教育では、子どもたちに自尊感情を育てなければならないことを強調します。自分の命がいかに尊いものかをしっかりと自覚できる子どもに育てると、人の命も大切にする感情が生まれてくるものなのです。また人権感覚というものは他人を認めることから始まります。人は皆違うということからスタートすることです。違いを認め合いみんな平等であるという考えを育てていかなければなりません。

敬老の日に寄せて

　敬老の日が国民の祝日として設定されたのは昭和41年のことで、私がちょうど先生になった年のことです。

　国民の祝日に関する法律では制定の趣旨を「多年にわたり社会に尽くしてきた老人を敬愛し、長寿を祝う」と述べています。言い換えれば「私たちが老人福祉への関心や理解を深め、老人に社会の一員としての生き甲斐や、いつまでも力強く生きようとする意欲を持ってほしい」という国民の願いをこめた祝日なのです。

　現在の社会は家族構成として、核家族という言葉があるように、夫婦と子どもだけの世帯がほとんどという現状にあります。その状況では老人に対する思いは育ちにくいといわなければなりません。そこで1年に一度だけでも、おじいちゃんおばあちゃんに手紙を書きましょう。電話でお話ししましょう。元気な声を聞かせてあげましょう。同居している人は、敬老の日には、肩をたたいてあげましょう。「そんな取ってつけたような……」と思われるかもしれませんが、お互いに生活に追われ、また空気のような存在になってしまっているし、また、今さらということで、孝行を形で表すことはなかなか難しいものです。

　私が担任をしている頃、敬老の日に寄せて「おじいちゃんおばあちゃんに手紙を書こう」ということで1年生の子どもたちに実践したとき、同居しているおじいちゃんから、改めて孫から手紙をもらったことの感激の気持ちを、お礼を込めて返事を寄せられた、ということがありました。きっと、その行為や気持ちに、おじいちゃんおばあちゃんは喜ばれるはずです。

　以前（2000年）は、敬老の日は、9月15日に定着していました。9月15日になると敬老の日がやってくる。今年の敬老の日は、おじいち

Chapter2 家庭と子どもたち

ちゃん、おばあちゃんにどんなことで喜んでいただこうか思案したものです。ところが、2000年より法律が改定され、9月の第3月曜日に変更になったのです。1月15日の成人の日、10月10日（東京オリンピックの開会式の日）、体育の日も同じように第3月曜日（成人の日は第2月曜日）に変更になり、大切な3祝日は日にちがまちまちになり、国民の意識から遠ざかったと言われています。

　国会では、土、日、月と連休になって経済効果が期待できるという趣旨でした。どれだけの経済効果があったのかわかりませんが、飛び石連休になったり新しいカレンダーを見る楽しみもあったのに。もし祝日が、土、日と重なったら、その時は月曜日を休みにするということでよかったのに。3休日は人々の心から忘れられてしまいました。心より物（経済効果）優先の考え方は今後見直して欲しいと思います。できるものなら、この大切な3祝日は元に戻して欲しいと思います。

　おじいちゃんの手のひらをじっと見つめてみましょう。おばあちゃんの顔のしわをじっと見つめてみましょう。それは長い人生の年輪であり、曲がった腰は働き続けたことの証拠であることを子どもたちに教えてあげなければなりません。

　平均寿命が80歳を超え、100歳の人が9万人を超えた今日、世界一の長寿国になったいま、高齢化社会に対応するいちばんの方策は、老人を敬い、大切にする心の育成という気がしてなりません。

■心に残る感動を子どもたちに（１枚の賞状）

　夢工房わらぶとん主催の千葉一明さんは、青森県弘前生まれ。２歳の
とき事情があってどん底に落ち、母子で実家の藁小屋に住むことになり
ます。その後の少年時代でつらかったことは自分のことではなく、切な
いであろう母を思うことでした。その母を困らせたくないという一点だ
けが、少年時代の千葉さんの我慢を支えていたようです。

　「腹が減って、おやつがわりに小石をしゃぶっていた。あの頃（戦後
間もない頃）は小学生は胸に白いハンカチを安全ピンで留めて登校する
習慣があった。みんなのハンカチがまぶしいくらいに白かった。そのハ
ンカチが我が家では買えない。母が薄汚れた肌着を四角に切って僕の胸
につけてくれた。その恥ずかしさは今でも忘れない。毎日のハンカチち
り紙検査で『忘れました』と答え続ける屈辱。なくて持って行けないこ
とぐらい先生も知っていたはずなのに。おかずの弁当、児童貯金、買え
ないトレパン、他の子と何もかもがあまりに違っていた。貧乏だからで
きないことを責められ、先生にも不当な扱いを受けた印象ばかりが強い。

　だが小学校３年生の時、操行優良賞をもらった。『学校で係りの仕事
（お天気調べ）をきちんとし、家庭では母をよく助けて感心だ』という
賞状だった。これが嬉しくて、その後ずっとこの賞状に支えられた気が
する。子どもってのは、こういうことを認められることが大きな自信と
誇りにつながるんだね」。自分のような子ども時代を送らせてはいけな
いという強い思いが、今子どもたちを褒め、夢と感動を与える運動の根
底に流れているといいます。小石を口に含んで飢えをしのいだ赤貧少年
時代の辛酸が、１枚の賞状によってふっとんでしまった思いが、今心に
残る感動を与え続けるボランティア活動の根底に流れています。

　子ども心というものは、その人の一生を支え続けます。お母さんあな

た自身を思い起こせば理解できるでしょう。「三つ子の魂百まで」の言葉もそのことを物語っていることでしょう。感動体験の機会をできるだけ子どもたちに与え、心豊かにすくすく伸びやかに育ってほしいという願いでもあるわけです。そして、子どもを認め、良いところをしっかり褒めることを普段から実行して欲しいと願うことでもあると思います。

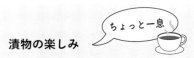

漬物の楽しみ ちょっと一息

　漬物は様々な漬け方があり、実に奥深いものです。母親の漬物で育った私は、漬物が大好きで、結婚すると妻が漬物を当然作ってくれるものと思い込んでいました。

　ところが妻は一向に漬物を作ってくれる気配はなく、いくら頼んでも作ってくれません。

　業を煮やした私は、まねごとで甕(かめ)を買ってきて、糠と塩、唐辛子を準備していわゆる「ぬか漬け」らしきものを作りました。胡瓜(きゅうり)や人参や茄子や大根などを入れて、美味しい「ぬか漬け」ができることを夢見て作りました。

　「ぬか漬け」は毎日蓋をとって混ぜないといけません。混ぜなかったらカビが生えてすぐ駄目になるのです。ここまで準備して、そのこと（毎日混ぜること）を妻に伝えて任せたのですが、何日か経って甕を開けるとびっくりしました。甕いっぱいにびっしりカビが生えていたのです。妻に聞くと「あんなの混ぜるのは、ぬるぬるして気持ち悪い」「こんなこと私にさせないでほしい」とのことでした。こうして残念ながら「ぬか漬け」は見事に失敗しました。

　そんなこんなで「よし、漬物は僕が作る」と宣言して私の漬物作りの挑戦が始まりました。

　様々な漬物に挑戦しました。簡単な塩漬け（一夜漬け）から始めて、ぬか漬け、みそ漬け、酢漬け、そして梅干し漬にも挑戦しました。簡単な一夜漬けはまあまあの出来ですが、大概は失敗の連続でした。その一番の原

因は「塩」にあります。

　漬物作りのポイントはなんと言っても「塩の加減」です。塩の加減（量）により漬物は変幻自在に変化します。塩が薄すぎると美味しくありませんし、すぐカビが生えて腐ってしまいます。逆に塩が濃すぎると塩辛くて食べられません。「塩梅」という言葉があるように、漬物だけでなく料理全般もこの塩加減が重要なポイントになります。

　この塩加減にどれだけ失敗したことか。例えば「梅漬け」はちぎった梅をよく洗い、まず塩をまぶして第１段階が始まります。塩が薄くては、カビだらけで失敗します。次の年はその逆に塩の量が多すぎて、カビは生えないけれど、塩辛くてとても食べられません。いくつもの本を参考にしながら、また様々な知識を総動員して梅漬けに挑戦しました。梅のシーズンは１年に１回しかやってきませんので、失敗すると再挑戦は１年後になります。だから試行錯誤するやり方では、かなりの年月がかかります。

　塩の量は20％ぐらいで漬けていましたが、ある時、有名な和歌山の「南高梅」の袋に塩分８％と書いてあるのを目にしました。それを参考にして、もちろんあの柔らかい甘塩の美味しい梅干しを夢見て作りましたが、これも大失敗に終わりました。カビだらけで腐ってしまいとんでもないことになりました。よくよく研究を重ねると、塩分を控えめにした分、蜂蜜や焼酎などを加えて加工して作っていることがわかりました。今のところ、それには挑戦していません。分量など細かいことがわからないからです。

　大根の漬物にもたくさんの漬け方があります。「浅漬け」は、塩・こしょう・酢・砂糖・調味料等を混ぜて一晩冷蔵庫に入れて翌朝完成して食べられます。この浅漬けの特徴は、野菜が新鮮なまま食べられることです。

　同じ大根漬けでも、塩漬けしてから一旦水揚げして塩水を捨ててから漬ける方法もあります。この漬け方と浅漬けとの違いは、歯ごたえがコリコリしていることです。

　漬物の漬け方は実に様々です。全国には様々な漬け方があります。それらをいろいろ研究していくと様々な作り方には際限がありません。極端に言うと、漬物作りは無限の可能性を秘めています。無限の楽しみがあります。

Chapter2 家庭と子どもたち

遊びと運動能力

　文部科学省の「体育運動能力調査報告書」によると、全体的に青少年の運動能力が低下しているといいます。小学校1年生から4年のすべての学年の男女とも、50メートル走と立幅跳びで、調査史上最低を記録しました。また、10歳から18歳までの青少年についても体力運動能力の低下傾向が続いているといいます。体位・体格はずいぶんと伸びていますが、体力は11年前以下であるということになります。その原因については、傾向として次のようなことが考えられます。

　受験地獄による子どもたちの遊びの減少、屋外野外での遊びの減少（テレビゲーム等）、スポーツ、体育に対する考え方の違い（忍耐力・訓練よりも楽しさの追求。例えば持久走は無理せずマイペースで楽しみながら）等が考えられます。

　昔はたいていの子は、学校から帰ったら、辺りが暗くなるまで夢中になって遊んでいました。自然が遊び相手で、川に入って魚を追い、野原を駆け巡り、山を駆け回っていました。自然相手の遊びの中から学ぶことがたくさんありました。自然と体力も要求されました。今の子どもたちと同等の条件では比べることはできないにしても、傾向として言えるのではないかと考えます。

　「遊んでばかりいないで、少しは勉強しなさい」。お母さんの小言も昔はこの程度ですんでいました。受験戦争なるものが加熱するようになってからは「遊びなどもってのほか、勉強するのが当たり前」という雰囲気になってしまっています。

　アメリカの運動生理学者スキャモンは、その著書の中で、子どもの運動能力の発達にとっての、幼児期から小学校時代の重要性を「この時期の運動体験がその子の一生を左右すると言ってもいいほど大切な時期で

82

ある。したがってこの時期にいろいろな運動体験をさせることが重要である」と述べています。とりわけ小学校の間に、器械運動など日常生活ではできない動きを通して、調整力などの運動能力の育成を期していくことが大切です。このたびの体育運動能力調査結果にその不十分さが表れたと考えられるわけです。

　理想を追い求め、わが子には勉強より遊びと割り切って、理想の実現に向けて突き進むことができるでしょうか。今の世の中を生き抜いていくには単純には結論は出ないけれども、視野を狭くして、勉強一本槍の一方的な時間の押し付けや、勉強一辺倒の押し付けだけはやめたいし、時間を有効に効率的に使うこと、そして子ども自身が目的に時間を使うように心がけることぐらいしか結論は見出せないような気がするのです。

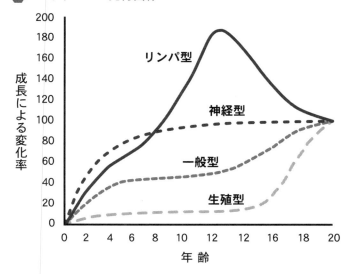

リンパ型：免疫をつかさどるリンパ組織の発達
神経型：脳、脊髄、感覚器の成長を表す。器用さ、リズム感等に影響
成長型：身長、体重、臓器の成長を表す
生殖型：生殖器の発達を表す。性ホルモンの分泌に影響

Chapter2 家庭と子どもたち

子どもが育つ魔法の言葉

　世界22カ国で愛読されてベストセラーとなった『子どもが育つ魔法の言葉』（ドロシー・ロー・ノルト、レイチャル・ハリス著、石井千春訳、PHP文庫、2003）という本があります。誰もが共感できる子育ての知識がたくさん詰まっている本です。「子育てで大切なことは何かを知りました」「この本は、落ち込んでいた私を励ましてくれました」という声がたくさん寄せられています。著者はドロシー・ロー・ノルト女史（博士）で家庭教育のコンサルタントを務めています。

　……とは言っても、自分にも子どもにも100パーセントを要求してはいけません。いろんなところに無理が来るからです。完璧な人間などいるものではありませんが、完璧であろうと努力をすることこそがその人の生き様を作っていくのですから。気楽な気持ちで受け止めて読んでください。あまりかたくなに受け止めると理解の仕方にも余裕がなくなりますので。

『子どもが育つ魔法の言葉』〈「子は親の鏡」より〉
- けなされて育つと、子どもは人をけなすようになる。
- とげとげした家庭で育つと、子どもは乱暴になる。
- 不安な気持ちで育てると、子どもも不安になる。
- 「かわいそうな子だ」と言って育てると、子どもはみじめな気持ちになる。
- 子どもを馬鹿にすると、引っ込み思案な子になる。
- 親が他人を羨んでばかりいると、子どもも人を羨むようになる。
- 叱りつけてばかりいると、子どもは「自分は悪い子なんだ」と思ってしまう。

- 励ましてあげれば、子どもは自信を持つようになる。
- 広い心で接すれば、キレる子にはならない。
- 褒めてあげれば、子どもは明るい子に育つ。
- 愛してあげれば、子どもは人を愛することを学ぶ。
- 認めてあげれば、子どもは自分が好きになる。
- 見つめてあげれば、子どもは頑張り屋になる。
- 分かち合うことを教えれば、子どもは思いやりを学ぶ。
- 親が正直であれば、子どもは正直であることの大切さを学ぶ。
- 子どもに公平であれば、子どもは正義感のある子に育つ。
- やさしく思いやりをもって育てれば、子どもはやさしい子に育つ。
- 守ってあげれば、子どもは強い子に育つ。
- 和気あいあいとした家庭で育てば、子どもはこの世の中はいいところだと思えるようになる。

『子どもが育つ魔法の言葉』
(ドロシー・ロー・ノルト (著), レイチャル・ハリス (著), 石井 千春 (翻訳))

Chapter2 家庭と子どもたち

個性とは何だろう

　教育の世界で個性化・個別化が叫ばれはじめてもう随分になります。日本の教育の伝統である一斉主義の教育の長短も一緒に論じられました。効率的、効果的という反面、没個性の問題点が浮き彫りになってきたのです。その一斉主義の教育のおかげで、いつの間にか日本人に「みんなと一緒」という没個性の考え方が定着してしまっています。何ごとにしても、人と違うこと（服装、髪形、言動、言葉遣い……）を異端視し、特別扱いをしてきました。今もその風潮は残っています。画一化の考え方は、偏差値一辺倒の教育の考え方さえも生んできた土壌になっています。

　やっと、一人ひとり違ってあたりまえという個性を認めることが主張されはじめました。その考え方は、実に至る所に見えるのですが、一斉主義に慣れ切っている人々にはそれがなかなか見えないのです。高校入試、大学入試の改革、科目の選択制の導入（中学の一部、高校、大学は以前から）や、校則の見直し、教育方法そのものの改善工夫など、今や個性化・個別化の考え方は教育の中に浸透しつつあります。

　話はがらりと変わりますが、南極観測隊員だった古積和彦さんが、面白いことを言っています。「南極では半数以上の隊員が一度は遊びで奇抜な髪形にしました。400日以上を極地で暮らします。まず往路の途中で自分と仲間3人で頭を剃りました。隊の人から『船員の手前を考えろ』とたしなめられましたが、南極に着いてからは他の隊員たちも髪形を工夫し始めました。頭頂部を丸く剃るカッパ頭、中央縦に一本残した髪形、伸ばしっぱなしで髪をゴムで束ねた長髪、妻の名を残して剃った者もいました」。退屈しのぎでもあったのでしょう。古積さんが言うように、世間と隔離されているからこそできたことではありますが、人は

どうやら世間の目を気にしないですむのなら、自由で個性的な格好をしてみたいと思っていることがわかる話です。個性とは、自己の主張であり、自分らしさの具現化でもあります。それを認める周囲の目が変わらなければなりません。子ども一人ひとりのきらりと光るもの（個性）を大切にする教育が求められています。

　親は、わが子の個性を見出し、認めることで、子どもは自分に自信を持ち、自分らしく生きる力強さを見い出すことになります。

Chapter2 家庭と子どもたち

素晴らしい子どもたち

「素晴らしい子どもたち」と題して子どもの作文２題を紹介します。

　少年非行の低年齢化や、命の尊厳を踏みにじるような青少年の凶悪犯罪などが報じられるたびに、心の教育を中心にしながらなんとかしなければという気持ちになります。しかしこんな素晴らしい子どもたちがたくさん育っているという実感を持つこともたくさんあります。ポッと心が温かくなります。これからもこんな素晴らしい子どもたちを育てていくために頑張っていきたいと思います。

（福岡県 JA 作文最優秀賞受賞）
　「元気になって夏みかん」

福岡市立警固小学校４年　松井　薫子

　家の庭にかれたえだの目立つ大きな夏みかんの木が立っています。この木は今から 60 年以上前、なくなったおばあちゃんが植えました。その夏みかんは、すくすく育って２階の屋根と同じくらいの高さになりました。夏はせみがいっぱいで「ワシワシワシワシ」と鳴いていました。だからぬけがらもいっぱい。しかもオレンジがかった黄色の実が 200 個以上もなっていました。でも、私が２年生の時、道にはみだした枝を植木屋さんに切ってもらってから、だんだん元気がなくなっているのです。お母さんは夏みかんがかれてしまうのではないかと心配しています。私も夏みかんが食べられないし思い出もいっぱいあるので悲しいです。

　赤ちゃんの時なくなったおじいちゃんに抱っこされて枝になっている夏みかんをさわって笑っている写真があります。年中さんのこ

ろは、お母さんとおばあちゃんと私の3人で夏みかんをとっていました。お母さんが高枝ばさみで実をちぎり、おばあちゃんと私ではさみから実をとって、ベランダに並べます。スーパーの袋いっぱいとりました。あまずっぱいかおりがプーンとしました。

　おとなりのお兄ちゃんが1年生の時「ぼくのじまんの場所」という生活科の学習でうちの夏みかんをしょう介してくれたそうです。そのことを聞いて「ああ、そんなに思ってくれているんだ。」とうれしくなりました。

　でも今、夏みかんの木は枯れかけています。お母さんは植物園で、元気になるにはどうしたらいいかを聞いたり、夏みかんのすぐ横に生えてきた木を切ったり、神社に「夏みかんが元気になりますように。」とお祈りをしたりしています。

　家族みんなの思い出がいっぱいある夏みかんの木。おじいちゃんおばあちゃんが元気だったころのように緑の葉がいっぱいにしげり黄色の実がたくさんなってほしいと思います。

　「夏みかんの木がんばって。」

（西日本新聞・九電「夏休み作文」特選）
　「ありがとう」

福岡市東区三笘小学校6年　二之形　有生

　人には名前というものがあります。人それぞれ名前はちがいます。意味もあると思います。私の名前にも、深い意味があります。

　昔、私が生まれる前、お母さんは重い病気だったそうです。体が弱くて、

　「子どもは産めない。」

と病院の先生に言われたそうです。それでもお母さんは、産む決意

Chapter2 家庭と子どもたち

をしたそうです。

「体の保証はできませんよ。」

と病院の先生に何度も言われたそうです。そういう話をお父さんから昔聞きました。私が生まれた時、お父さんとお母さんは、とてもうれしくて神様や周りの人たちに、感謝の気持ちでいっぱいになったそうです。

生まれてきてくれてありがとうという気持ちで名前をつけたということ、私にも、これからずっと周りの人たちに感謝の気持ちが持てる優しい人に育ってほしいという願いをこめて名前をつけたということ、初めて名前の意味をお父さんから聞いた時、とてもびっくりしました。そして胸がいっぱいになりました。自分の名前には、いろんな意味でたくさんのありがとうがこめられているんだなあと感じました。

そういえば、お母さんは今でも必ず寝る前、

「今日も1日ありがとうございました。」

と手を合わせて眠ります。

「どうして。」

と聞くと、

「今、自分は生かされていて毎日がとても幸せだから。」

と言います。それは、きっと、お母さんはいろんな人から血をもらったり、たくさんの人から助けてもらったからだと思います。

「もし、これまでいろんな人たちの支えがなかったら今お母さんはどうなっていたかなあ。」

と言っていました。そんな環境の中で私は生まれてきました。

私は小さいころ、自分の名前がいやでたまりませんでした。それは、病院に行ったりすると、大きな声で、「有生君〜」と言われるからです。でも今では、男の子とまちがわれても気にしたり、落ちこんだりすることもなくなりました。なぜなら、私のお母さんが命

がけで生んでくれたからです。名前だって深い意味があるのに、ただ、男の子にまちがわれたくらいで落ちこんでいたら、名前をつけてくれたお父さんやお母さんに申し訳ないと思いました。私は、これからも「有生」と言う最高の名前を持って生きていくと思うと、うれしいです。なぜって、ありがとうという言葉は、感謝の言葉。生まれるという言葉はうれしい言葉なので、いい言葉が2つも続いてとてもいい名前だなあと思います。自分の名前に、私は本当にありがとうと言いたいです。そして、今、あらためて周りの人にも感謝の言葉を言いたいと思います。

　おばあちゃん、体が弱かったお母さんを大切に育ててくれてありがとう。お母さん、有生を命がけで生んでくれてありがとう。お母さんにあえて良かった。お父さん、私にすてきな名前をつけてくれて、本当にありがとう。

Chapter2 家庭と子どもたち

子どもの日に寄せて（子どもの健やかな成長を願って）

「子育て」、なんて素敵な言葉でしょう。子どもの日々の成長を見ながら命が膨らみ育っていく営み、人としての思いやりの心が芽生え、心が形成されていく営みを日々目の当たりにすることができるのですから。

つい先日、先輩校長の自宅にお邪魔した時のことです。先輩の孫のかなちゃんが遊びに来ていました。かなちゃんのしぐさは実に可愛らしく躾けがよく行き届いていて、ごく自然に振る舞うしぐさとふくよかな笑顔とそれなりの気遣い・心遣いが可愛いのです。新1年になったばかりのかなちゃんがピアノの発表会の曲を演奏して聴かせてくれました。生まれてまだ6年しか経っていないというのに、その小さな手が巧みに動いて的確に鍵盤をとらえて、実に見事な演奏を聴かせてくれました。おばあちゃんが淹れてくれたコーヒーをお盆に載せてゆっくりゆっくり運んでくるその様は、実に慎重で6歳の子なりのしぐさが堪らなく可愛いのです。家では共働きの両親の言い諭すような毎日の会話や躾けとおばあちゃんの生活の知恵を自分なりの解釈で受け止めて、愛情たっぷりの生活を6年間送った結果として今日のこの子がいるのだろうと思いました。ポッと温かい気持ちになって先輩の家を後にして選挙会場の小学校へと足を運びました。「早く孫がほしいな」と私にそう思わせる一時でした。

ところがごく一部ではありますが、親の思いとは正反対の方向に育っていくケースがあります。マナーもエチケットもあったものではない行為をしたり、少年犯罪、少年非行問題が後を絶たないのはどうしてなのでしょうか。非行の低年齢化も指摘されていますがそこには将来の目標を見失った青少年がいます。勉強勉強で学力だけが人の値打ちと錯覚した勉強嫌いの中高生がいます。「子は親の鏡」「育てたように子は育つ」

と書家の相田みつを氏が書いているように、少年非行問題は大人社会の裏返しと言われます。どこまでもわが子を肯定し信じて疑わず大きく温かく包み込む母性的愛情と、厳しく律して諭す父性的愛情とのバランスが壊れているためとの指摘があります。怖いもの知らずの上に模範意識を喪失しているところに非行の温床があるといいます。思春期の特性である両価性（自立性と依存性のバランス）を親がうまく理解してやれないからだともいいます。子どもたちを囲む親と学校と地域の連携がうまくいっていないからであるということもいわれます。子育てには、「３割のひもじさと３割の寒さとを与えること」（貝原益軒）が大切といわれますが、今の子どもたちは満たされ過ぎて、考えて行動することを忘れているともいわれています。

　子どもは遊びの中で育つといいますが、公園は注意事項が増え遊びづらくなり、塾通いが加熱している今日ではままならぬことが多いようです。アメリカの教育学者ロバート・フルガムがその著書の中で「人生に必要な知恵はすべて幼稚園の砂場で学んだ」と言っているように社会性や人間性や道徳性など人としての基本は遊びの中で培われるものなのです。ところが遊びを忘れた子どもの実態が浮き彫りになっています。

　理想と現実との狭間でジレンマに陥っている世の親が多いといわれています。ではどうすればよいのかです。その答えは「現実をしっかりと見極めた上で常に親子の会話（対話）を持ち、将来の夢や希望を親子で語り合い、目的達成に向かってそのために今何をすべきなのかを自覚して、オンリーワンの個性を生かし、押し付けがましくならないように、子どもの主体性を大切にして、子どもたちに本と砂場を両立させる生活を生み出す知恵と工夫とを考え出させること」ではないでしょうか。

Chapter2 家庭と子どもたち

子どもの日に寄せて 2（お母さん、あなたはどのタイプ？）

　「このお母さんにしてこの子あり」という言葉を聞くことがあります。お母さん方は誰しもドキッとするに違いありません。そのわけは「自分は絶対に素晴らしく正しい子育てをしている」という確信が持てないこと、いろんな子育ての本を読み、講演を聞いてますます子育ての難しさを悟っておられるからだと思います。だからこそこれでいいのか自問自答しながら家庭での子育てを頑張っているお母さんがほとんどであると思います。

　私が長年の教員生活で出会った２つの典型的なお母さんのタイプ（２つの典型的な子どものタイプ）を紹介いたしましょう。何かの子育ての参考になると思うからです。

　M君は７人きょうだいの５番目です。姉２人兄２人に弟と妹が１人ずつの７人きょうだいです。M君はとにかく自主性・積極性に富んでいる子です。いつでも自由気ままに行動します。いつも笑顔で伸び伸びとしています。何をさせても積極的に自分から進んでします。手が早く足も早く口も良く動きます。M君は物事に決して物怖じしない子です。しかしその反面、がさつでいつもチョロチョロとして落ち着きがありません。仕事は荒削りで雑です。そんなM君のお母さんは７人の子沢山で、一人ひとり構ってはおれないのです。でも参観日にはそんなに忙しいのに必ず顔を出してくれました。

　T君は大学教授の一人っ子です。おっとりとして口数が少なくいつもおとなしいので、誰が言い出したのかいつしかあだ名が「おじいさん」と付くほどでした。躾けがよく行き届いていてこぢんまりとした大人のようです。成績は優秀で誰もが学習に関しては一目置いています。言動はまったく消極的で自分から進んで何かを言ったりしたりすることはほ

94

とんどありません。しかし言われるとちゃんとできるそんな子です。そんなT君のお母さんは何から何まで至れり尽くせりの世話をして、それでもT君のことが気になって、参観日以外にも学校に様子を見にいらっしゃっていました。

　M君とT君は、「このお母さんにしてこの子あり」の典型なのです。どちらがいいとは決して言えません。どうしてこういった子に育ったかということの教訓が大切です。

　一般的にいう過保護と放任の両極端の結果がこの子を育てたのだと思います。言うまでもなくM君は放任主義のお母さんで、T君は過保護のお母さんです。

　子育てはこの両極端をうまく調合、ミックスしてほどよく行うべしということでしょうか。結論は言いませんが賢いお母さん、もうお気付きですね。

Chapter2 家庭と子どもたち

子どもの日に寄せて 3（遊びの中で子どもは育つ）

　お父さん、お母さん方は、ご自分のお子さんを日頃どのように見ておられるでしょうか。子どもという存在について、また日頃子どもへの接し方について、子どもの日に寄せて一度考えてみてほしいと思います。

　毎日の生活の上で、子どもを未熟者、未完成な存在として接していませんか。もちろん生活の上では大人が手取り足取り教えなくてはならないことはたくさんありますが、人格的にはまさに大人と同様であるという原点に立たなければ教育的であるとはいえません。

　児童憲章の第1項に「児童は人として尊ばれる」とあります。この言葉には大変深い意味が込められています。我々大人は、日頃、何気ない子どもへの接し方の中で、一人の人間として接しているかということへの警鐘の言葉だと思います。子どもは未熟者だから、頭ごなしに叱る、一方的・強制的に教え込むというのでは、よい教育の姿とはいえないし、内に秘めた子どもの無限の可能性は十分には伸びないのです。

　教育の原点といわれる、有名な教育学者ルソー、ペスタロッチ、コメニウスそしてフレーベルは、子どもの世界を大切にし、子どもの特性を理解し、人格を認め、人として接する中で育てていこうということを主張しました。現代の教育は、さらに心理学・社会学・カウンセリング等の要素が加わって、より正しい子どもの見方ができるようになってきていますが、根底には彼等の教育思想が脈々と生きています。

　また今の子どもたちに欠けていることとして「遊び」があげられます。子どもは遊びや体験を通して社会のルール（ミニ社会経験）の基礎を学びますし、人と人との関わりの基礎を身に付けていきます。少子化時代の子どもの心身の健全育成について、小児科医の前川喜平氏（慈恵医大名誉教授）は、「子どもはある時期に必要な体験をすることが大切です。

96

乳児期はお母さんをはじめ周りの人々に愛されているという感情であり、幼児期以降に大切なのは〈遊び体験〉である。親は遊びを無駄な時間としてしか見ていない場合が多い」と言っています。また小児精神学の渡辺久子先生は「家庭はまず幼い生命を温かく育む〈母性の原理〉場であるべき。効率優先のビジネスの世界とは異なるべきで、そのずれに登校拒否、いじめなどの様々な子どもの心身症が増えている」と警告しています。

　塾やお稽古を否定するつもりはありませんが、子どもにとっての遊びの時間の確保はこのような意味からも、とても大切な物を内包しています。現実的には両立させる時間（生活）の工夫が必要です。子どもの日に寄せて、今一度子どもへの接し方や親としての日頃の言動を見直してはいかがでしょう。

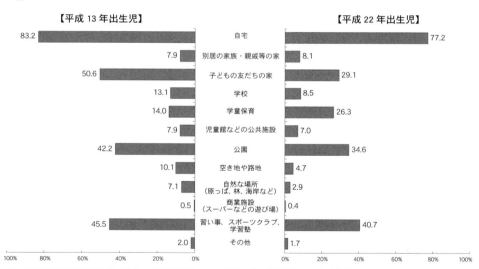

● 放課後に過ごす場所の世代間比較（複数回答）

注：第9回調査の回答を得た者（平成13年出生児総数 35,264、平成22年出生児総数 24,204）を集計。

　　厚生労働省：第9回21世紀出生児縦断調査（平成22年出生児）の概況（https://www.mhlw.go.jp/toukei/saikin/hw/syusseiji/18/dl/kekka_02.pdf）「2　子どもの生活の状況」より（対象児は小学校3年生）　調査日：令和元年5月25日

Chapter2 家庭と子どもたち

男女混合名簿

　男女混合名簿とは男女の区別なく名簿を作成するものです。2000年頃から学校現場において論じられ始めました。例えば有田あき、有田哲平、石田裕子、石橋健一のように「あいうえお」順で男女関係なく混合で名簿を作成するものです。

　その背景にはジェンダーフリーの考え方があります。また男女共同参画社会基本法の制定（1999年）があります。またLGBTQや性的マイノリティーの人への配慮等いずれも社会を変え、誰もが幸せに暮らすことのできる世の中の実現に向けて運動として展開されていることです。

　しかし、それらの運動と男女混合名簿とは事の本質が異なるような気がしてなりません。男女混合名簿を主張する意見としては、男子が先、女子が後ということが気に入らないし、男子優先の固定観念を植え付けるとか、男女に分ける意味が理解できないという社会通念を覆すような意見があります。

　男女混合名簿の実施状況は、首都圏6県の政令中核都市68自治体においては、小学校の93.2%、中学校の74.7%という実施状況です。

　男女混合名簿の作成は、各学校の判断に委ねられています。学校教育法施行規則には出席簿は「各学校において校長が作成しなければならない」と規定しています。福岡市の現状は小学校100%、中学校91.3%となっています。小学校100%ということから推測して、教育委員会からの指導通達か、議員からの政治的な力が働いたのではないかと考えられます。各学校で決めるべき内容が100%に統一されることは考えられないからです。

　従来、男子と女子とを分けることは何の抵抗もなく行われてきました。それは男子と女子とを分けることが当然のごとく世の中に受け入れられ

98

ていたからです。

　男と女は違います。身体の作りが違います。身体の機能が違います。見た目が違います。運動能力が違います。ただし、内面や思考においては違いはありません。

　このように考えると男子と女子に分けることは何の抵抗もなく当然のことであり、当たり前のことです。

　オリンピックはすべての種目が「男女別」です。そのことは差別でしょうか。いや、初めから運動能力の違う男女を一緒にすることのほうが差別につながると考えます。オリンピックの競技で男女別にすることは差別ではなく配慮なのです。

　全国の温泉地や公衆浴場はすべて男女別です。もちろんこのことは差別ではありません。従って必要に応じて男女を分けることは差別ではありません。

　情報が氾濫し多岐にわたる情報過多の時代において、情報を分類整理することは時代の要請です。男女の判断がつきにくいような名前が多くなったこともあって、名簿を男女別に分けることは時代の流れでもあります。

　大切なことは、男子であること、女子であることを理由に不利益を受けないということです。しかしそのことと男女混合にすることを同じレベルで捉えてはなりません。男と女を分けることは差別ではありません。

　保健室の名簿は男女別名簿にして、出席簿は男女混合名簿にすることは多忙な先生たちの雑務が増えるだけです。男女混合名簿にすることが男女平等につながるとは考えられません。

　多様性を求めようとする時代の流れと、男女混合名簿のみを強制することとは大きな矛盾を感じるのです。

　出席簿を男女別にするか男女混合にするかは、各学校で議論して決めることが望ましいと考えます。

Chapter2 家庭と子どもたち

叱ること・褒めること・戒めること・躾けの本質

　人は信頼されるとそれに応えようと頑張ります。褒められるとまたやる気が出てきます。叱られると嫌な気になりますが、反省してそれを改めようという気持ちが生まれるかどうかは、その人の生い立ちや育ち具合（親や教師の躾け）によって変わってくると言われています。

　戦後、日本国憲法や教育基本法が制定され、その趣旨に添って、戦前とまったく対照的な新しい教育がスタートしました。主権在民のもと、国民一人ひとりの基本的人権の保証とともに個性の尊重が重んじられるようになりました。しかし教育において「褒めることこそ素晴らしい」という論理の実践は、その結果として甘えや規範意識の低下が残るという結果をもたらしている一面もあるという指摘があります。

　欧米においては、家庭教育で厳しく躾けます。躾けは家庭でという概念が定着しているのです。その上に宗教教育が定着しています。特にキリスト教という文化に多大な影響を与えた宗教においては、「罪の文化」が底流にあるのです。「罪の文化」すなわち、悪いことをすれば地獄に落ちるし、幾多の責め苦に遭うという教えが定着しているのです。

　以前、海外研修でヨーロッパ（ドイツ、ベルギー、スイス、オーストリア、フランス……）に行った時の印象でも、有名な画家の宗教画にそれを見出すことができました。板に磔にされ生きたまま皮（皮膚）を剥がされ、もだえ苦しんでいる絵、ギロチンで今まさに首を切り落とさんとする絵など、人々を戒める写実主義の絵がたくさん飾ってありました。いわゆる「罪の文化」の教訓です。多くの人は日曜日には教会に出かけます。罪の意識とともに、いつでもどこでもキリストの愛に包まれていることに感謝して生きることを教えられます。さらに幼児期の躾けの厳しさは日本とは比べものになりません。そして成長とともに自己責

任を前提にして自主性の幅を徐々に広げていくのです。

　日本ではどうでしょうか。戦後の教育観の大転換によって、個性の尊重・自己主張の教育・褒める教育が実践されました。しかも自分を律する宗教もなければ道徳教育もないということが、今日の青少年問題の根底にあるという指摘があります。日本の学校では、児童生徒を厳しく叱る光景があまり見られなくなっているのです。叱らず褒める教育が甘やかしの教育になっているのではないかという指摘です。規範意識の希薄さも問題になっていることとも重なります。

　兵庫県のある高校学校長が、駅前の通路の地べたに座り込んでいる高校生を見るに見かねて注意したのですが、すぐには立ち上がらないので、「通路は座る場所じゃない。皆が迷惑している」と重ねて注意すると「ルッセーな」「ムカツク」とぶつぶつ言いながらノロノロと動き始めたそうです。実はこれが普通で、注意され叱られた経験に乏しい彼らは対応の仕方がわからないのだというのです。注意していただいてありがとうございますとまではいかなくても、「すみません」ぐらいは言えてもいいのでは……。誰にも叱られない日本の子どもたちは本当に幸せなのかということです。

　ただいたずらに叱ることがよい教育とは思いませんが、家庭で躾けるべきことと、学校で教えるべきことの区別を持って、叱るべき時にはきちんとわかるように叱ることは大切なことです。成長とともに自己責任を前提とした自主性の幅を広げていけるような躾けや教育の在り方が問われているのだと思います。

　欧米の教育が完璧で、日本の教育が駄目といった単純な考え方ではなく、それぞれの長短は認めた上でひとつの教訓として受け止めてもらいたいものです。

Chapter2 家庭と子どもたち

G 君のこと

　教師は一人ひとりの個性豊かなすべての子どもを、その個性に応じて伸ばし育成することが求められます。従って学力向上という点について考えると、優秀な子どもはさらに伸ばすことは当然のことであり、一人ひとりを伸ばすという点においてはどの子も同じです。

　ひところ、教育界において学力の低い子どもに焦点を合わせて学習指導を進めることに重きをおいた指導が行われていました。その誤りが指摘され、是正されるまでに相当な時間を要したという経緯があります。

　そうではなく、できる子どもはさらに伸ばし学力的に厳しい子にはその子に応じた指導がなされ、一人ひとりの子ども、すべての子どもの学力を伸ばしていくことが絶対に重要なのです。

　私は教師としてすべての子どもの個性を認め、一人ひとりの子どもにやる気を起こし、自己実現を図ることに心血を注いできました。

　ここにわが子に学力を付け、医師に育て上げようとする一人の母親と、その母親の願いを受け止め、自分の能力を伸ばそうと努力する子どもの成長をたどってみたいと思います。

　その子は G 君です。G 君はクラスの人気者です。クラスの皆に溶け込んでいつも笑顔の絶えない子です。そんな人気者の G 君は、6 年生になってから、ちょくちょく学校を休むようになりました。その理由はわからないですが、クラスの人気者なので当然に他の子たちがそのことに無関心でいられるはずがありません。G 君が学校を休むのは、どうも学習塾に行っているかららしいといううわさが流れ始めました。

　学校を休んで塾に行くことは是か非かということになります。一般的にはそれはあまり推奨できることではないでしょう。

　G 君のお父さんは医者です。G 君の母親は「この子を医者にしたい。

102

大学受験（医学部）は、まだ先のことだけれど今から準備しておかないと間に合わない」とでも考えていたのでしょう。

　G君が母親の思いをどのように受け止めていたのかは知る由もありませんが、学校でのG君には特に変わった様子はありませんでした。いつものG君で皆の中に溶け込んで屈託のない明るい表情です。

　学習塾に行くために学校を休むという普通ではないことをG君がどのように受け止めて、理解していたのか気になるところですが、真剣で熱心な母親の思いを受け止めていたに違いないと想像します。

　基本的に子どもに対する母親（父親）の押しつけは避けるべきです。子どもの自主性や意欲がそがれてしまうからです。しかし現実は厳しく甘い考えでは乗り越えられないことをG君の母親は知っていたのでしょう。

　親の押しつけに反発して反抗的になる子どももいます。理想の追求どころか悲惨な結末になるケースもあります。

　その後G君は中学校、高校へと順調に進み、大学は見事医学部に合格し、現在医師になって大学病院の医師として勤務しています。

　わが子を見事医師に育て上げた母親の苦労は知る由もありませんが、そんなに押しつけがましいような印象は受けないごく普通の母親です。理想と現実をしっかりと見据え、子育てをした結果だろうと考えます。

　校長としてこの子に卒業証書を渡す時、「お母さんの気持ちを受け止めて頑張るんだよ」と、G君の成長を願って心の中でつぶやいたことを覚えています。

　様々な条件や問題を克服して立派に医師にまで育て上げた母親は立派です。一言では語れない苦労があったと思われます。

　親の思いを受け止め、学力向上を自分自身の問題と捉え、それ以上に努力したであろうG君は、もっと立派であると考えます。

　ひとつの目標を持たせることの大切さと、それに向かって努力することの大切さを象徴的に物語っていると思います。

バイクの楽しみ（ツーリング）

　私の子どもが保育園に通っていた頃、送迎の必要に迫られて50ccのバイク（ヤマハチャッピー）を購入しました。バイクに子どもを乗せて保育園の送迎をしていました。

　その頃勤務する学校では、若い先生たちがバイク（ホンダモンキー50cc）に乗って走り回ることが流行でした。

　時々、近場のツーリングに行くようにもなりましたが、50ccのバイクではあまり遠くへは行けないので、次第に排気量の大きいバイクに買い替えるようになっていきました。

　バイクの大型化に伴い少しずつツーリングの距離も長くなって、県内から県外へと広がっていきました。阿蘇、九重、大分、別府、長崎、平戸と九州一円をツーリングして楽しみました。

　バイクツーリングの魅力については一概には語れないけれど、強いて言えば、顔や体に当たる爽快な風を切って走ること、どこでも自由に好きな所に行けること、スピードを出して緊張感を感じながら走ること、等々です。ところがバイクは事故を起こすと大変なことになります。そのことを常に考えながら走っているのも緊張感を生んで、それがバイクツーリングの魅力にもなっているのです。

　走る距離が長くなると、それに応じて大型バイクが欲しくなるものです。ホンダスティード600ccに長らく乗って、最後はアメリカンスタイルのヤマハビラーゴ1100ccに乗ってツーリングを楽しみました。走りといい、乗り心地といい、スタイルといい申し分ない大好きなバイクでした。

　月に1回程度のバイクツーリングが楽しみでした。

　そのツーリング仲間も年齢を重ねるとともに1人2人と減り、現在は解散しています。九州各地をくまなく走り回った仲間に感謝しています。

ツーリング仲間と

Chapter 3
今、子どもたちに
伝えたいこと

美しい日本語を正しく伝えること

　日本語ほど類語（それと同じ意味を持つ言語の集まり）の多い言語はないでしょう。日本は山と森と川と緑の列島であり、四季の変化に富んだ自然に恵まれています。四季折々の豊かな恵みを受けて、それらが豊かな文芸の土壌として日本人の心を育ててきました。その結果、自然に対する微妙な心の動きを捉えそれらを言葉として豊かに表現してきました。このように考えると日本の言葉には日本人の心の文化が凝縮されていると考えることができます。

　「夕焼けこやけの赤とんぼ、おわれてみたのはいつの日か」……幼い頃の思い出の光景でしょう。孫がおじいさんにおんぶされているのでしょうか。辺りは美しい真っ赤な夕焼け……秋空を飛ぶ秋茜のトンボでしょうか……言葉の裏に秘められた情景が限りなく脳裏に浮かびます。美しく奥ゆかしい日本語を大切に味わいたいものです。

　ところが最近、美しい日本語の乱れが心配される時代になりました。特に次世代を担う若者の間でのことです。「見られる」「食べられる」を「見れる」「食べれる」という「ら抜き言葉」が当たり前のように使われていますが、その指摘はかなり以前からなされています。「すごく美しい」を「すごい美しい」と「すごく嬉しい」を「すごい嬉しい」という。「〜ジャン」「超〜」といった単語を並べただけの会話等……文法を無視した不必要な感情表現や仲間内にだけしか理解できないような省略言葉が仲間意識を確かめるかのように若者の間に流行しています。言葉の正しい使い方が言語感覚として身に付いていないのも一因でしょう。

　また、「若者の本ばなれ」が指摘されています。「インターネットやテレビのほうが楽しいので本を読む気にならない」といった意見が圧倒的であるといいます。じっくり思考する読書活動を「暗い」と否定する風

Chapter3 今、子どもたちに伝えたいこと

潮さえあるようです。とんでもない誤りです。このような現状を何とか
しなければなりません。日本文化の危機とさえ言われているのです。

　大学では今、学力不足を補うために補習授業が必要だとか。「本を読
むことの意味と習慣を小・中・高校で身に付けられなかった学生を専門
教育でいくら鍛えても大学教育の効果は上がらない」といいます。この
ように子どもたちがテレビやインターネットの品のない俗語のやりとり
にどっぷり浸かって育っていけば言語感覚の貧弱な無教養で正確さに欠
ける表現しかできないような大人に育っていく危険性が高い。テレビの
ドタバタ番組で日本の童謡をもじって歌ったりして、美しく豊かな表現
を含んだ詩が壊されていきました。最近は心ある人たちの抗議で品のな
いドタバタ番組はすっかり減ってきました。当然のことだと思います。
テレビこそ美しい日本語の伝達や普及に貢献すべきなのですから。

　それでは現状の解決をどうするかです。それはずばり国語の学習を大
切にすることが基本となります。心を耕し、心情豊かな子どもを育成す
るための土壌を整え、表現力豊かな子どもを育てることです。言葉に敏
感な子どもに育てるために、一つひとつの言葉を大切にする学習から始
め、登場人物の心情にまで深く入り込むための指導をとおして言葉の裏
に秘められた行間を読む学習へと発展することが大切です（読解指導）。
つまり文脈から言葉が持つ深い味わいを感じ取ることです。家庭では教
科書で今習っている文の音読（朗読）が効果的です。

　次に大切なことが読書です。読書をとおして想像力（創造力）豊かな
子どもの育成を図ることです。幼児にはシャワーのごとく正しい豊かな
言葉を浴びせてやらなければなりません。小さい頃から正確で品格のあ
る言葉を与えることが大切です。読書の入り口として「読み聞かせ」は
子どもの興味を刺激し、想像力を豊かにし、情緒的発達を促し言語能力
を高めるという効果があると言われています。また優れた文章や秀歌、
名詩、名句の音読や暗唱の重要性が、豊かな語彙、多彩な言語表現を体
得する観点から再認識され始めました。

108

■二人の学者の「子育ての提言」

　ノーベル物理学賞受賞者の江崎玲於奈博士（元教育改革国民会議座長）は人類文明を発展させてきた原動力である創造力を養うにはどうしたら良いかを逆説的5か条として次のように述べています。

①「今までの"行きがかり"に囚われてはいけない」
　"しがらみ"のようなものに囚われると新しい飛躍があってもそれが見えない。つまり若い人たちは"しがらみ"や歴史を引きずらない澄み切った目で物事を見ることができるところに新しい発見があります。
②「権威（大先生）にのめり込んではいけない」
　権威（大先生）にのめり込むと自分を失う、自由奔放な若さを失うことになるからです。
③「無用なものは捨てなくてはいけない」
　情報化社会は多種多様な情報を得やすいですが、それらを取捨選択して必要な情報だけをインプットすることが大切です。
④「自分らしい生き方を大切にする」
　そのために自分の立場を守ることが必要で時には戦うことも避けてはなりません。
⑤「初々しい感性を失ってはならない」
以上、5か条は決して十分条件ではなく単なる必要条件にすぎないことを申し添えておきたい。

（江崎玲於奈）

　次は東京大学長で中央教育審議会会長で文部大臣も務められた有馬朗

Chapter3 今、子どもたちに伝えたいこと

人博士の言葉です。

①「若者には大きな夢と志を持たせてほしい」
　若者らしい溌剌さが欲しい。
②「家庭でしっかり躾けを行うとともに我慢する力など精神力を鍛えること」
③「しっかりと学力の向上を図ること」
　客観的な学力調査の実施も必要です。
④「総合的な学習の時間の活用を図ってほしい」
　学力低下を心配する前にインターネットや環境、外国文化の理解など総合的な学習でしか得られない知力や学力の向上を考えに入れることです。
⑤「学校と地域社会が協力してもっと若者の体力・運動力を伸ばしてほしい」
　児童生徒の体力が最近明らかに低下しています。体力がなければ学力や知力も伸びません。

（有馬朗人）

　含蓄のある２人の提言です。学校や家庭・地域それぞれの立場でしっかりと受け止め実行していくことが大切です。

国語の力について（作文の方法）－作文が苦手な子どもに－

　国語の能力（言語能力）は、人間の最も重要な能力です。私たちは言語によって思考し、言語によって意思の伝達をし言語で論理を組み立て文章を書くものであるからです。しかし最近、国語力の低下が叫ばれています。その原因は生活様式の変化のせいか、ゆとりと多様化のせいなのか、パソコンやスマホが普及し自分の手で書くことが少なくなったせいなのか、一概に原因を特定することはできないにしても傾向としては見えてくるものがありそうです。

　小学校の国語では次のような力をつけることを狙っています。

　言葉に関する事項で語彙を豊富にすること。目的、意図、相手、場面等多様な状況に応じて、適切に話したり聞いたりすることのできる力を育てること。そのためには日常生活の中に話題を求めたり、意図的・計画的に学習できるように配慮することが必要です。

　叙述に即して読み取る力、すなわち文章読解力の育成も大切です。物語文では登場人物の深い心情にまで迫る深い読み取りの指導が大切です。そのためには心情の表れている語句や文を的確に捉えるための指導の工夫が必要です。子どもたちはさらっと流し読みした程度では到底心情にまで至る深い読みは期待できないからです。また観察記録の正確な読み取り、説明文を通して論理的な読み取りの仕方などの指導も大切です。

　作文力は国語の力が集約されたものであると言えます。それは文章や相手の話を的確に理解する力があって初めてできる力だからです。作文力の育成は、目的や意図に応じて適切に表現する力を期待しています。事実を正確に記述する観察記録の文章。相手に的確に内容を伝達する説明書きの文章。自分の考えを適切に叙述する意見を論理的に伝えるための文章等の指導があります。作文活動には取材から推敲までの段階があ

Chapter3 今、子どもたちに伝えたいこと

り、それらの段階を的確に踏まえた指導をしなければなりません。

　一般的には作文指導では最低6段階のステップを踏みます（学年に応じて細分化の段階あり）。

　①「題」を決める（書きたくなるような楽しく奇抜な題）

　　ex.『えんそく』より『うまかった弁当』のほうがベター。

　②「取材メモ」……題に関する話題をできるだけたくさん思い起こす（これをしないと鉛筆ばかり噛んで手が動かない。……書けない。結果、居残りや宿題となってしまい、さらに作文ぎらいに……）。

　③「選材」……②のうち取り上げられるものとそうでないものとに分ける。（選ぶ）

　④「組み立てメモ」……一番書きたいことを中心に文章の構想を練る。（題と中心段落の結び付きを考えて）

　⑤「書く」……これだけの手続きをして初めて書き出すのです！（すらすら書けること請け合いですよ）

　⑥推敲……読み返しておかしいところの修正、つけたし、書き直しをして清書する。

　☆各項目についてさらに詳しい指導の段階と内容があります。

　以上のように指導（学年に応じて）すると作文が苦手な子が、今まで書けなかったつらい思いをいっぺんに払拭するようにどんどん書くようになります。①〜④に1時間、⑤に1時間、⑥に1時間、合計3時間は必要です。一番大切な段階は②です。

　私は日頃から国語の能力に関してもっと言葉を大切にするべきだと思っています。言葉を選び言語感覚を磨き、文章表現の技術を磨く必要があるのではないかと考えています。国語の力は小学校の大切な基礎の部分であるとともに、これからのすべての学問の基礎でもあるからです。

　作文が苦手な子は案外多いものです。題を与えて「ハイ、作文を書きなさい！」ではうまく書けるはずがありません。鉛筆なめなめ何をどう書いたらいいのかわかっていないからです。居残りや宿題にでもされよ

112

うものなら、ますます作文ぎらいになること請け合いです。

　学年に応じて①～⑥の段階を踏むと、どの子も必ず作文が書けるようになります。特に②が大切です。題に関する事柄を想い起こすことで②の「取材メモ（想い起こしメモ）」の数が多いほど、作文の内容が豊かになります。③の選材で取り上げるかそうでないかに分けます。④の組み立てメモで、メモの順番を組み立てます。

- 時系列で書く方法
- 順番に演繹的に書く方法
- 中心の一番書きたい部分から入って帰納的に特殊から普遍を導き出す方法　……と。

例えば、題「遠足」の場合だとすると

・時系列の作文

　今日は遠足の日です。いつもより朝早く目が覚めました。私は外に出てお天気を確かめました。もうお母さんは台所でお弁当を作っています。……

・帰納的作文

　「ドボン！」啓太くんが池に落ちました。……植物園の池はまだ冷たく、深いので、私はビックリしました。先生が飛び込んで啓太くんを引き上げました。……

　今日は遠足の日です。私はワクワクしながら、歯を磨きました。……登校の途中、お隣の啓太くんといっしょになりました。……

　④の組み立てにもいろいろな方法があります。わからなかったら時系列で書いていくことから始めるといいでしょう。

　※会話文を「……」で入れてみたり、擬人法で人でない物や動物を人に見立てて表現したり、擬音を取り入れたり、実に様々な工夫、表現法があります。本来、作文は楽しいものです。

Chapter3 今、子どもたちに伝えたいこと

私の感じた日本の不思議

　武内エリザベスさんは若い頃、母国のフランスで日本人のご主人と知り合い、結婚して福岡の糟屋郡宇美町のご主人の実家に住むことになりました。もう既に20年以上が経過しています。日本語がまったくわからない状態での日本生活のスタートでした。

　昼間は周りには暇人であるお年寄りばかり……。親切なお年寄りたちがいろいろと教えてくれたそうです。したがってエリザベスさんの日本語は年寄り言葉でしかも博多弁なのです。実に流暢な博多弁です。そのエリザベスさんが小学校のPTAの集まりで講演したタイトルの副題が「外国人から見た日本」です。

　夏の夕方、下着姿で近所を歩き回るおばあちゃんたちにびっくり！いつも見かけるたびに「どこまで行くのか」と尋ねられてびっくり、初めはいちいち詳しく話していましたが、毎回なので返答が嫌になり避けて通るようになりました。後であれは挨拶なんだから詳しく本当のことなど言わなくてもいいのだとわかったのだといいます。「ちょっとそこまで」と答えておけばいいのだとご主人に教わるまでその都度詳しく行き先を説明していたそうです。「ちょっとそこまで」なんて曖昧な言葉はフランスにはないのだそうな。

　日本での初めてのクリスマスの日に英語講師としてのお礼も兼ねてお歳暮をいただいた時のこと、お歳暮など知る由もなくクリスマスプレゼントとばかり思って開けてびっくりしたそうです。涙が止まらなかったそうで、その訳は「お歳暮」の中身にありました。すなわちひとつの袋は「ハム」でもうひとつの袋は「石鹸」であったからだといいます。ハムはブタでありブタはフランスではあまり良くない例えに使われる動物だそうです。その意味は外見がどうのこうのではなく、嘘をついたり人

114

をだましたり人間としての心の醜さをブタで表現するらしいのです。石鹸は「体がきたないからよく洗いなさい」ということで、ブタと石鹸の何とも解釈に苦しむその組み合わせに驚いて涙が出てきたそうです。日本ではごく普通の「お歳暮」なのに。

　いちばん考えさせられたことがあります。それは、日本人はすぐ誰々に似ていると言っては喜んだり悲しんだりしますが、いわゆる顔のことを気にしすぎということです。フランスでは、あなたは誰々に似ていると言われると腹を立てるのだそうです。たとえ相手が美人であろうとなかろうと。自分は自分であって誰々と似ているなんて余計なお節介であるというのです。自分は世界に一人しかいない存在であるという自負心をフランス人は誰でもが持っているというのです。

　日本人はフランス人から見ると、目が小さくて（細くて）鼻が小さくて（低くて）可愛らしくてたまらないのだそうな。現にエリザベスさんは目はパッチリ（ギョロリ）として鼻が高く（大きい）口も大きい、目鼻立ちのはっきりしたフランス美人です。日本人は自分と反対で可愛くてたまらないといわれます。自分の英会話スクールに通ってくる糸のように目の細い日本の子どもが可愛らしくてたまらないらしいのです。目の細いことを気にするなかれ！　鼻の低いことを気にするなかれ！　日本人なら日本人らしく日本人らしさをしっかり持って欲しい。自分らしさの自負心をしっかり持って欲しいと強調されました。

　後ひとつ、何か物を人に差し上げる時「つまらない物ですが」ということ。食べ物なら「美味しくない物ですが」という習慣についても話されていました。つまらない物なら人にあげるな、美味しくないなら人にあげるな！　ということです。謙譲の美徳が理解できないのだそうです。

　また女史には２人の女のお子さんがおられ、自分に似ている姉のほうは日本で大人気で、夫（日本人）に似ている妹はフランスに帰った時に大人気ということがおもしろいとも話されました。２時間があっという間に過ぎた有意義な講演会でした。

115

Chapter3 今、子どもたちに伝えたいこと

■音楽の楽しみ

　私は音楽が大好きです。若い頃はブラスバンド部でトロンボーンを吹いていました。その頃はジャズが大好きで、吹奏楽団とは別にジャズバンドも作って演奏を楽しんでいました。今は、ジャズよりもクラシックのほうが好きになり、その中でもバロック、古典派の音楽が好きです。といっても気分によって、いろいろなジャンルの音楽を聴いています。

　音楽には不思議な力があります。人の心を和ませたり、奮い立たせたり、喜びにつけ悲しみにつけ人々はその時々の気分に応じて無意識のうちに好きな歌を口ずさみ耳を傾けます。音楽が心の健康に効果があることは、心地よいときに脳から出るアルファ波等によって確かめられており、忙しい現代人のストレス解消、心のリフレッシュに役立つといいます。

　最近心のストレスで悩む人が多いと聞きます。心理カウンセラーに聞くと、そう簡単には解決策など見出せないのだそうですが、心の病を持つ人は、「人一倍責任感の強い人」「こだわりの心の強い人」「純粋な人」だそうです。責任感や執着心は人として大切な要素ではありますが「少しの過失を引きずったまま、それを捨てきれずにこだわる人」はストレスがたまりやすいともいいます。執着心を捨て、今を前向きに明るく生きる心がけが大切だそうです。このようなストレスを解消する音楽のジャンルは広くあります。心臓の鼓動に呼応するかのように静かに深く人の心に入り込んでくるバロック派（バッハ、ヘンデル、ビバルディー）の音楽。落ち着いた整然とした雰囲気の古典派（ハイドン、モーツァルト、ベートーベン）の音楽。心を刺激するように躍動するドラマチックな音楽はロマン派（シューマン、ショパン、リスト）の音楽です。そして心を奮い立たせるような現代派（バーンスタイン、ガーシュイン

……）の音楽とクラシック音楽も多様です。

　音楽の不思議な力の効用が紹介されています。ストレスによる胃腸障害にはモーツァルトの「ピアノソナタ　イ長調」、「ブラームスのピアノ３重奏」、緊張による頭痛にはリストの「ハンガリア狂詩曲１番」、ラロの「スペイン交響曲」、憂鬱な状態の時はバッハの「ブランデンブルグ協奏曲」、決断を迫られた時に聴く音楽はベートーベンの「交響曲第９番の３楽章」、その他にも、大事な商談の前に聴く音楽、ゴルフのスコアが３つ良くなる音楽、果ては乳牛からミルクが良く出る音楽、酒の仕込みに良い音楽となるとその効用が気になりますが、効用は別としても、たいへん範囲が広いものです。

　私は心の落ち着いたとき聴く音楽は、バッハの「Ｇ線上のアリア」がいちばんであると思っています。心の安定と満足感をゆっくりではありますが確実に与えてくれます。しかしそれは心の落ち着いたとき聴く音楽であって、心を落ち着かせるために聴く音楽ではないと思っています。心が落ち着いて気分に余裕がないと、どんな音楽も聴く気には慣れないからです。

著者が指揮するクリスマスコンサートの様子

117

Chapter3 今、子どもたちに伝えたいこと

命の尊厳

　テレビを見ていると、何やら異様な雰囲気を感じて映像に引きつけられました。女子高校生がキャーキャー言いながら調理実習をしているのですが、その雰囲気から単なるキャーキャーではないことを察してさらにテレビに釘付けになったのです。生きている（動いている）鶏の首を切り落とすのです。さらに見ていくうちに、その鶏は、女子高校生自身が卵から２カ月かけて育てたものであることがわかりました。まさにその命を絶たれようとしている鶏に、育ての親としての情が移り、さらに自分の手で生き物の命を絶つことへのためらいもあるのでしょう。きっと見開いた鶏のその目は「私を殺さないで！」と訴えかけているように見えるのでしょう。調理実習の目的は達成しなくてはならないけれども、首を切り落とすことができずにキャーキャー言っているのです。しかし結局、女子生徒たちは泣きじゃくりながらも自分の手で鶏の首を切り落とし、実習を進めていくのです。私はなんと残酷なという想いに駆られながらもじっと見入っていました。

　そのことを忘れかけていた頃、新聞の朝刊の「ひと・ヒト・人」の欄に女子高校生の写真とともに「NHK青春メッセージ」全国大会で審査員特別賞・坂井美紗子さん（17）という記事が目に入りました。年末にテレビに出たあの調理実習の高校生です。高校の名は県立久留米筑水高等学校であることが記事からわかりました。

　記事には次のように書いてありました。……進学する県立久留米筑水高等学校食品流通科は１年生の時に「ニワトリの解体実習」をする。卵から２カ月育てて成長したところで解体し、水炊きにして食べる。その経験を「心から『いただきます』」という作文にして発表した。「命の大切さを知るために殺すなんて矛盾している」と最初は理解できなかった。

118

育てた鶏には愛着があり頸動脈に包丁を入れる瞬間を見ることはできなかった。しかし実習を通しそれまで何の気なしに食べていた食べ物にも、かつては命があったことを実感したという。そして「いただきます」という言葉の本当の意味に気づいた。「食べることは、生きるために他の命をもらうこと。『いただきます』は命をくれた生き物への感謝の言葉なんです」。ニワトリに包丁を入れ、「命をもらう」瞬間に目を背けたことを今では「ニワトリに失礼だった」と後悔している。「私に命をくれた生き物の分まで全力で生きていこうと思います」……と記事が結ばれます。命の尊厳を徹底的に追求した凄い取り組みであることが初めて理解できました。女子生徒たちは、これほどまでに命と真剣に向き合ったことはなかったといいます。

　一時期問題になった（今もそうですが）人の命を平気で奪う青少年犯罪の残酷かつ低年齢化のいくつかの原因のひとつに「命の尊厳」ということが指摘されています。心の豊かさを育む「心の教育」の必要性と重なります。命の尊厳に目覚めた子は、決して人を傷つけたりしません。自分の命を大切にする子は人の心（気持ち）を踏みにじったりしません。どんな小さな生き物にも命があり、一生懸命に生きていることに気付いた子はその生き物を大切にします。

　「一寸の虫にも五分の魂」という言葉で昔から生き物の命を大切にすることを教わってきました。今私たちは教育や生活の場などいろんな機会をとらえて子どもたちに命の尊さを教え、気付かせていかなければなりません。

Chapter3 今、子どもたちに伝えたいこと

誇り高き清貧（ヨーロッパの伝統に学ぶ）

　日本においては、消費は美徳なり、消費は経済の活性化に貢献している等と国民の消費を奨励した時代がつい先頃までありました。まだ今もその余韻は残っているのではないでしょうか。

　ヨーロッパにおいては、昔から家具や食器類はもちろんのこと、洋服でさえも質の良いものを親子代々伝えて使っていく習慣があります。祖母の愛用していた服をリフォームして着る若い娘さんも多いそうです。エッセイストの戸塚真弓さんが、かつてフランスで体験した話は、フランス人（ヨーロッパ）の物を大切にする心をしのばせてくれます。

　戸塚さんが、パリの産院で娘を出産した時のことです。隣室に若いフランスの女性とその赤ちゃんがいました。戸塚さんが驚いたのは、その赤ちゃんの肌着から枕カバー、シーツにいたるまで、いかにも使い古された布であったことです。その布は、目に優しくなじむ灰色や象牙色で格調高いデザインのアルファベットの頭文字が刺しゅうされていました。この布や衣類は、一族に赤ちゃんが生まれるたびに使い継がれていると聞き、自分の使っているすべての新品の布や衣類が逆に貧相に見えて仕方がなかったというのです。戸塚さんは、このヨーロッパの人々の生き方こそ誇り高き清貧であると感動したと語っています。

　私のヨーロッパ研修旅行の印象もまったく同じでした。私は、特に建物や、その中の家具類、彫刻、絵に強くその印象を感じました。何百年も前に建てられ修復を繰り返して、今なお堂々たる風格の３階建ての家、鈍く光る重厚なドアの取っ手、そして何百年も前の人物の肖像画、どれひとつをとってみても、長い歴史を感じざるを得ませんでした。また、食品にしてもチーズ作りの伝統といい、豚をさばいて、ソーセージを作ることにしても、そこの家の主人が代々受け継いできた方法で作ります。

120

いとも手慣れた所作でソーセージを作っている田舎の農家の光景を目にすることができました。

　かつては日本においても、清貧の美徳を備えていましたが、今は新しいものにあこがれ、古いものを卑下する風潮のほうが勝っていると感じるのは私だけでしょうか。脈々と受け継がれてきた伝統を大切にし、その上に立って新しいことを考えることや、物を大切にする心を子どもたちにも教え伝えていかなければなりません。この風潮と1階放送室前の落とし物置き場に、まだ十分に使える物がいつまでも放置されていることとは無関係とは思えません。

千代大海の優勝

　九重部屋を率いる九重親方は、元大関の千代大海です。今でも風貌のどこかに少年の頃の「わるそう坊主」の面影が見てとれます。
　当時大相撲は、二子山部屋の若貴兄弟の優勝独占の状態が続いていましたが、それにストップがかかりました。上位独占の二子山部屋にとっては、同部屋対戦はしないため、星3つぐらいのプラスハンデがついているので、他の部屋からの優勝は当分の間望めないと思っていました。兄弟で横綱になるなんて凄い快挙であると思っています。しかし二子山部屋の上位独占は、一大企業の独占禁止法の抵触に匹敵することだと思っていました。その当時の初場所は二子山部屋のごたごたと絡んで興味深く、曙の休場もあって今場所も若貴兄弟の優勝争いかと思っていました。ところが意外なことに本命の貴乃花は振るわず若乃花が一敗で千秋楽を迎えましたが、千代大海が若乃花を下し、なんと逆転優勝という結果に終わりました。
　千代大海本人の喜びもさることながら、師匠の元横綱千代の富士の喜びようはそれ以上です。大粒の涙と満面の笑顔がそれを物語っています。
　つっぱり少年を預かったことの責任を果たしたことと、上位独占の二子山部屋に勝ったことの喜びが大きかったのです。優勝した千代大海は文句

Chapter3 今、子どもたちに伝えたいこと

なしに大関になります。22歳の若さで優勝と同時に大関昇進をも勝ち取ったのですから快挙という言葉にふさわしいでしょう。

　大分県出身の千代大海は、中学時代は茶髪にソリ込みを入れ、街を大手を振って歩いていたといいます。いわゆる「つっぱり」です。夜遊びにふけり、一時は暴走族の頭であったといいます。30人ぐらいを相手に喧嘩をしても負けなかったそうです。歩き方といい、顔つきにやんちゃな中学時代がダブって見えると感じるのは私だけでしょうか。

　千代大海は相撲に自分を見出したのです。今の若者は目標を見失っている者が多いといいます。特に偏差値で切り捨てられた若者は、自分の居場所を必死で探しているのだともいいます。傷をなめ合う者同士が作る居場所は非行につながっているケースが多いのです。誰にも認めてもらえないやるせなさと投げやり感がそうさせているのかもしれません。このことを教訓にすべきです。つまり自分を主張でき自分のことを認めてくれる人がいることが大切なのです。それが友達であり先生であり両親であり母親なのです。学校でも家庭でも自分の居場所がしっかりと確保されていることが重要です。それが心の安定につながり自分の目標に向かって頑張れる条件です。

　常にどんなときでも無条件に温かく迎えてくれる家庭が心の安定をもたらすことの重要性とともに、一人ひとりの子どもに夢を持たせ、目標を持たせ、それに向かって頑張ることの大切さを教えたいのです。

　千代大海の優勝は、一時は非行の道に走った少年が自分の目標を持ったとき、誰でもやればできるという可能性を教えてくれました。

　この教訓は今も生きています。テレビで九重親方を見るたびにそのことを思い出すのです。

122

学ぶ意欲の根源

　文部科学省が出す「学習指導要領」は、ほぼ10年に1度の改訂がなされ、今日に至っています。平成14年度から実施された学習指導要領の改訂の趣旨は「生きる力」です。その理念は今も生きています。

　その理念の中心は、児童の人間として調和のとれた育成を目指し、「生きる力」を育むことにあります。その具現化の方策として「創意工夫を生かして特色ある教育活動を展開すること」「自ら学び自ら考える力の育成」「基礎的・基本的な内容の確実な定着」「個性を生かす教育の充実」が掲げられています。

　どれひとつとっても奥が深く意味のあることばかりですが、とりわけ「自ら学び自ら考える力の育成」は新しい教育の在り方を端的に示した項目です。総合的な学習が新しく入ってきたのもそのためですし、興味・関心・意欲面を評価項目に入れたのもそのためです。「自ら学び自ら考える力の育成」は、取りも直さず「学ぶ意欲」をどのようにして起こさせるのかということと同義語と考えてもよいと思います。子どもは本来好奇心の塊ですので物事に対して興味・関心を示します。その興味・関心を学習にまでつなぎ高めていく営みが大切になっていきます。

　家庭では子どもが興味・関心を示した事柄について、親として精一杯の反応と対応をしてあげてください。時には一緒に調べたり、電話で詳しいおじいちゃんに尋ねてみたりという活動が子どもの「学ぶ意欲」を伸ばしてくれます。親として知っていることは知識として教えることも大切です。今の教育では「知識理解」を否定しているかのような受け止め方があります。そうではなく学習の結果としての知識理解はとても大切なことです。子どもの興味・関心や体験を抜きにして知識の詰め込みを求め、また知識の量だけが学力という捉え方を改めようとしているの

Chapter3 今、子どもたちに伝えたいこと

です。

　学校では机上の空論ではなく直接の体験を大切にします。体験して初めて気付くことがたくさんあります。子どもは興味・関心の塊ですから次から次に生じる疑問を解決していく過程で実に様々な事柄へと発展して学習が広く深くなっていくのです。一人ひとりの持ち味や力量に応じ、どこまでも発展していきます。それが個性に応じる教育でもあるのです。

　もうひとつ学ぶ意欲の根源には忘れてはならない側面があります。それは目的意識に支えられた確たる信念に基づく学習意欲です。僕は将来お父さんの仕事を継ぐために頑張る、僕は人の命を救う医者になるために頑張って勉強したい、将来私はデザイナーになるために勉強する、僕は野球選手になりたいからどこどこの高校に入るんだというように将来を見据えた学習への構えです。また目の前の小さな目標も学習意欲につながります。漢字のテストで100点を取りたい、計算問題20問を間違わずに30秒以内でできるようになりたい、毎日家庭学習で自由勉強をして先生に褒められたい、社会科の学習で自分の考えをしっかり持って話し合いができるように自分の手と足で調べたい……。

　ヨーロッパ諸国では12歳でその子の将来の職業をほぼ決定します。「自分の将来に備えて学校で勉強する」という意識が子どもにも保護者にも定着しています。だから学校における学習態度が実に真剣です。学習する目的意識が自覚できているからです。アカデミー（大学）に行くのは、優秀な成績や本人のやる気次第なのです。何となく大学までなどという余裕はありませんしそんなケースは考えられません。大学に行くことの意味（専門的に勉強してその道のエキスパートになるということ）を自覚して必死で勉強します。

　日本では将来の職業を決めたり振り分けたりすることをできるだけ先に伸ばし（可能性を考えて）せめて高校まではと進学します（このことを総合制といいます）。子どもの目的意識とは関係なく「せめて高校ぐらい出ること」が目的になって、そこには本人の意識が希薄です（高校

中退者が 11 万人と多いのもこの辺りに原因がある！）。大学も同じようなことが言えると思います。

　大学は卒業証書を得ることが目的ではなく、その道の専門家（エキスパート）になるために勉強するという意識を持って行くということをしっかりと自覚できるようにしてやらなければなりません。

　確たる信念に基づく目的意識が子どもの学習意欲を学習意識にまで高めていきます。学ぶ意欲の根源を見出している子どもの学習意欲は凄いものがあります。

● ドイツの学校系統図

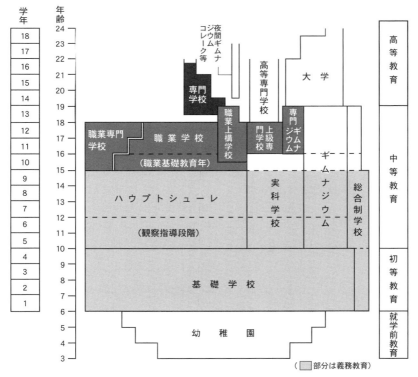

ハウプトシューレ（卒業後に就職して職業訓練を受ける者が主として進む。5 年制）、実科学校（卒業後に職業教育学校に進む者や中級の職につく者が主として進む。6 年制）、ギムナジウム（大学進学希望者が主として進む。9 年制）

文部科学省：資料 3　諸外国の後期中等教育及び短期高等教育における職業教育　より

Chapter3 今、子どもたちに伝えたいこと

思いやり

　一時代、そう高度経済成長の時期からバブル崩壊の時期までの間であったと思いますが、「思いやり」とか「感性」とか「心の教育」とか、そんな抽象的な言葉が、はやらない時代がありました。というよりも現実的でないとか、具体的でないとか、捉えにくいといった否定的な考え方が主流をしめたというほうが正しいと思います。なぜならば、高度経済成長は終わりを告げ、バブルは崩壊しました。物質中心の風潮に、消費は美徳という風潮は経済効果という成果を残しながらも、一つの時代が終わりました。この頃から、社会の改革の波が教育へも押し寄せてきたわけです。そして「心の教育」や「豊かな感性」、「優しさ」、「思いやり」といった言葉が教育のすべてに多く登場するようになったのです。

　つい先日の新聞のコラム欄に次のような記事が載りました。

　「私（66歳）は常々赤ちゃんを抱いている人には席を譲ることにしています。ある日のこと、そんな方に席を譲って、次の駅で降りたその人の席に座った私に向かって、高校生風の男の子が、いかにも自分が座るべき席であるというように『このばばあ死ね！』と罵声を浴びせかけ、後は悪口雑言の限りでした。……学校、家庭で私の世代が受けた教育より高度な教育を受けているはずの若い世代が、社会の成り立ちや、人間が年老いていくことの意味をどう認識しているのか。考えさせられました」……。

　そしてその数日後の同じコラム欄に、先日の記事に対して全国から約80通の手紙が届いたということです。「くそばばあ！」呼ばわりされた人が珍しくないということです。駅ビルの重いドアを開けてやっと出ようとしている私に、肩が触れた30代の男性は「バカヤロー、このばばあ！」……。しかし中にはほっとする手紙も届いたようです。ひとりの

126

中学生はこんな手紙を書いていました。「早く立ち直ってください。心配しないでください。僕たちはその高校生みたいには決してなりません。長生きして人生を楽しんでください」

その２、３日後、車のラジオになんとなく耳を傾けていると、偶然「おもいやり」をテーマに座談会があっていました。「次に越してくる誰かわからない人のために、何もない殺風景な家の台所に生花を一輪飾っていくことにしている」という引越し常連の主婦のあたたかい心遣いの気持ちを感じ取れる人がどれだけいるであろうかという話題でした。

今、「こころの教育」、「豊かな感性の教育」、「優しさ」、「思いやり」等の言葉が、教育の重要な用語としてクローズアップされてきています。子どもたちの本質は昔も今も変わるわけがありませんが、豊かな感性と心の教育が必要な時代がやってきています。というよりも、いつの時代も大切な変わることのない教育の内容であることが、ことさら重要視されるようになったのです。その意味をじっくり考えて、家庭教育・学校教育の内容を創造していかなければなりません。

Chapter3 今、子どもたちに伝えたいこと

■18歳の女流王将「石橋幸緒さん」のこと

　福岡市教育センターにおいて校長研修講座が行われました。研修講座名は「障害児教育校長研修」でテーマは「障害児教育の動向と展望」です。

　講義が始まるなり講師からタイトルの「石橋幸緒さん」のことが紹介されました。18歳の若さで女流王将になった石橋幸緒さんのことです。話は石橋幸緒さんが卒業した母校東京都立小平養護学校でのことです。

　「私はこの小平養護学校を去年卒業しました。6歳までは歩くこともできない子どもでした。今日の私があるのは、母がこの学校を選んでくれたお陰です。本当に素晴らしい学校です。私は小学校1年生から高校まで11年1月をここで過ごしました。……この学校は私自身の誇りです。そしてここに入れたのは運がよかったとしか言いようがありません……」という講演のすべり出しです。未熟児として生まれた彼女は生命を保つのがやっとの幼年期を過ごしたらしく、小学校に入るに際には、近くの普通校にするかそれとも養護学校か両親は決断を迫られましたが、決め手は両親と校長の次のやり取りであったといいます。「この学校のモットーは何ですか」「生きる。ただそれだけです！」。この両者のやり取りの中に親の願いと学校の姿勢が一致したことがよくわかるのです。これは教育以前の次元の話なのです。

　彼女はまず書を始めたらしく、将棋よりも書のほうが上であると本人は思っているそうです。講演をした日の記念に講堂の最後尾で聞いていた恩師に当たる米長邦雄さんは、色紙を書いてもらったそうで、その言葉たるや「万物生光輝（万物生きて光り輝く）」です。ある時将棋と出会ったことが彼女の人生の転機になりました。講演は続きます。

　「将棋を指すようになってからは、1日1日自分が元気になっていく

のがわかりました。私のこれからの務めは、将棋をもっと強くなることともうひとつ、小平養護学校のような学校があることを大勢の人たちに知ってもらうことです」。ゆっくりはっきり大きな澄み渡る声でした。「母は私が将棋教室へ行く時はいつもついて来てくれました。私は楽しく将棋を指していましたが、それ以上に嬉しかったことは、私が将棋を指しているのを見て、将棋を知らない母が喜んでじっと見ていることでした。だから私は将棋を指すのが好きになったのです……」。

　話が終わると聴衆から万雷の拍手が起こりました。涙を拭いている人たちもいたといいます。続いてお母さんの登場、夫とともにいかに頑張ったかが感じ取れ、弱気で消極的な気持ちなどまったく感じ取れませんでした。「私が強く、明るくなければどうする！」。親心がひしひしと伝わって、子育ての基本はとにかく母親であるというお手本を間近に見た思いであったといいます。聞いている人々は石橋幸緒さんの生き方に、親の大きさと愛の深さに感動したのです。また自らをあるがままに受け入れ精一杯生きている石橋幸緒さんが、親に感謝し学校に感謝し周りの人々に感謝し、常に喜びに満ち溢れているところにもあるのではないでしょうか。彼女は今も時々寝込むような発熱があるといいます。

Chapter3 今、子どもたちに伝えたいこと

何気ないひとこと

　教師（親）は毎日子どもたちと接している中で、ほんの何気ないひとことで、子どもの心をひどく傷つけていることがあります。まったく予期せぬうちに子ども心を傷つけてしまっているのです。

　例えば、いじめられっ子に対して「あんまり気にするなよ」とか「もっと強くなりなさい」と平気で言ったりしてはいないでしょうか。また学習がわからない子に対して「こんなこともわからないの」「わからないことがあればいつでも質問に来なさいよ」「質問もできないでなにが勉強ですか」といった言葉が、どんなに子どもの心を傷つけているかということに気付かないでいる場合があります。何を質問していいかもわからない子どもに何の質問ができるでしょうか。

　いちばんひどいのは、その子の立場を否定したり存在を否定してしまっている場合です。子どもは、たいへん敏感です。大人以上に敏感です。何気ない一言がどんなに深く子どもの心に突き刺さっているかを知るべきです。

　昔から、いじめに負けない強い子にならなくては、と諭すこともよく聞く話です。しかし、今のいじめは、その程度では済まされないということを前提に考える必要があります。子ども心に必死で逃れようとして逃れきれないでいます。誰かに言いたくても言えないでいます。そして、ますます自分の殻に閉じこもっていくといいます。いじめる側（加害者）は、いじめと意識していませんが、いじめられる側（被害者）は心に大きな傷を受けているケースが目立っています。このようないじめの認識のずれがいじめの潜在化につながっているという指摘が多いのです。

　教師（親）は、いじめの被害者が発する小さなサインをいち早くキャッチし、適切な対応を素早くすることが何より要求されています。いじ

めの実態が全国的に報道されるたびに共通して言えることは、いじめのサインの見落としです。後から「あれがサインだったのか」と悔やんでも遅いのです。子どもの何気ないひとことに耳を澄まし、敏感にならなくては、いじめのサインを見逃してしまいます。

　大人の何気ないひとこと。子どもの何気ないひとこと。それぞれ立場は違っても、言葉が醸し出す意味に敏感にならなくてはならないと考えます。私のひとことが人を傷つけていることに、そのときは案外気付いていないのです。後から冷静になって静かに考えて、ハッと気付き反省することが多いのです。

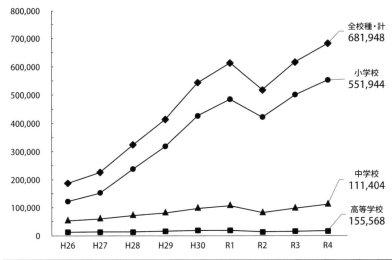

いじめの認知件数の推移〈令和4年度〉

全校種・計 681,948
小学校 551,944
中学校 111,404
高等学校 155,568

年度	H26	H27	H28	H29	H30	R1	R2	R3	R4
小学校	18.6	23.2	36.5	49.1	66.0	75.8	66.5	79.9	89.1
中学校	15.0	17.1	20.8	24.0	29.8	32.8	24.9	30.0	34.3
高等学校	3.2	3.6	3.7	4.3	5.2	5.4	4.0	4.4	4.9
特別支援学校	7.3	9.4	12.4	14.5	19.0	21.7	15.9	18.4	20.7
計	13.7	16.5	23.8	30.9	40.9	46.5	39.7	47.7	53.3

1,000人当たりの認知件数

文部科学省：児童生徒の問題行動・不登校等生徒指導上の諸課題に関する調査結果の概要（https://www.mext.go.jp/content/20231004-mxt_jidou01-100002753_1.pdf）より

Chapter3 今、子どもたちに伝えたいこと

ボランティア

　私が以前、学校で5、6年生の担当をしていたその中にK君がいました。K君は、全盲の子です。当時からK君は、偏食が大変激しく、体が他の子よりも一回り小さい子でした。牛乳がとても嫌いで、一口飲むのにも時間がかかったものです。特別にココアを入れたり、コーヒー牛乳にして飲ませたりしていました。そんなとき、周りの子たちは、どうしてK君だけ特別扱いするのかと、怪訝な顔をしていました。そして少しずつではありますが牛乳が飲めるようになった頃には、顔色が良くなり、ほっぺにポッと赤みがさすようになりました。学習の中では、音楽が好きで、タンバリンでリズムをとるのが上手な勘のいい子です。人をよく信頼し、周りの様子を敏感に感じとることに優れた子で、自分の心の中でイメージとして展開されているであろう周りの景色や気配を感じとって、いつもにこにこしている子です。

　全盲の子が普通学校に入ったいきさつはここでは語りませんが、私には彼に障がい者として生きる学力や生活力を十分に保証する教育をしてやることができなかったというきつい思いがありました（普通学級の担任として限度があるということ）。

　今彼は27歳の青年です。時々K君から電話がかかってきます。「今度の日曜日に、城南フレンドホームまで送ってください」「帰りは、誰それさんが迎えにきてくれるので、行きだけでいいから……」「先生今度の日曜日、清水町の障害者ふれあい体育館まで送ってください」。このような電話がかかるようになって久しい。1週間の疲れを癒すべく、日曜日の朝ゆっくりしたいのに……と不機嫌な気持ちで、しぶしぶハンドルを握っていました。

　最近のこと、ふとボランティアについての文が目に入りました。

「〈ボランティアとは、自分を創造すること〉〈日本はアメリカと比べるとボランティア活動は 30 年遅れている〉〈アメリカにはボランティア活動をしている人が 8 千万人いて、全人口のほぼ 3 分の 1 です。もともと日本と欧米ではボランティアに対する考え方が違います。日本ではボランティアといえば、素人で暇のある人が、何か奉仕をしようということでしているが、欧米のボランティアは、仕事を持っている人が時間を作り、自発的にその時間を使って自分の専門分野の能力や趣味で蓄積したものを提供する〉〈ボランティアになるためには、主体性が必要であり動機づけと行動力が必要〉〈何か奉仕しようというのではなく自分にとって今何が必要かということ。生きる意義についての価値観がないとボランティアの仕事はできない〉〈ボランティアになるということは、自分を創造すること〉。また当時の福岡市生涯学習フェスティバル実行委員会の古賀圭二委員長は〈ボランティア活動そのものが自己啓発・自己実現につながる生涯学習である〉と述べています」

K君を送り迎えする活動を、「これは一つのボランティアなんだ」と思うようになってからは、「よし、任せとけ！」と電話の返事に力が入るようになり、ドライブ中の会話が弾むようになりました。

133

Chapter3 今、子どもたちに伝えたいこと

強く生きていく子に育てる

　劇作家の山崎哲氏は「強く生きる」ということについて自身の著作物の中で次のように述べています。

　「人は危機に直面したり、ひどく落ち込んでいるときは、〈強く生きる〉という言葉には、さほど違和感を感じない。逆に〈くじける〉とは、言い換えると自分で自分の存在を否定するということである。自分なんかどうなったっていいんだ、この世からいなくなったっていいんだ、なんて思ったりすることである。しかし、実際のところ、自分で自分の存在を肯定することは難しいことなのだが、特に幼児期・児童期はそのことについて非常に大切な意味を持っている。自分が自分について考える考えは、家族とりわけ両親が自分について考えた考えなのである。自分は駄目な子という考えは、実は自分の考えではなく両親の私に対する思いであり、その両親の思いを自分の思いとして刷り込んでいるに過ぎないのである」と。

　つまり私の私に対する考えや感じ方は、両親の私に対する考えや感じ方に過ぎないというのです。自分のことを可愛くないとか、自分のことを肯定できない人は、それはつまるところ、両親が乳幼児期に、自分を否定的にしか見なかったからなのです。そのような子に、自分を肯定的に見ることができる子にするには、両親を連れてきて、もう一度両親と乳幼児期の関係をやり直すしかない、両親に愛されることによって自分を愛する、自分を肯定することができるようになる、というのです。まとめると次のようになります。

　「私たちが強く生きていけるのは自分で自分の存在を肯定しているからである。そして、その肯定は両親が与えてくれたものである。両親が自分を肯定してくれたから、自分を肯定できる、つまり強く生きてい

るのである。自分の存在を肯定してくれた両親が自分の中にいる限り、ことさら強く生きようなんて思わなくたって、私たちは強く生きていけるのである」と。親の存在がいかに大切で重要であるかを述べていると思います。

　まったく別の本で、同じ劇作家で小学校教師を３年間務めた田中澄江さんがよく似た意味のことを言っています。「自分を大事にするという意識は、自分のことを見守っている人がいるという喜びを支えとして育つ」。そのことを彼女は、終生の恩師、板橋第一小学校「毛利ハツイ先生」から教わったと述べています。

　また、日本カトリック学校連合会理事長の渡辺和子先生は、「生きるべき "何故"」という随想で次のように述べています。生活の疲れから精神科に入院した教え子からの手紙を紹介して「……そんな私を癒してくれたのは、有名な○○病院の精神科教授ではなく、今の夫の愛でした」。人間が逆境においても、挫折をしてもそこから起き上がっていくためには、自己鍛錬や意思の力は当然必要ですが、究極の力はやはり「愛」ではないでしょうか、と。

　こう考えると親や、教師の責任の重さがひしひしと感じられるわけですが、日頃子どもたちに対する私たちの何気ない言動を今一度見直していきたいものですね。強く生きていく子に育てること、それはすべての親の深い愛にかかっているのです。

Chapter3 今、子どもたちに伝えたいこと

日本語の味わい

真っ赤な秋

真っ赤だな　真っ赤だな
つたの葉っぱが　真っ赤だな
もみじの葉っぱも　真っ赤だな
沈む夕日に　照らされて
真っ赤なほっぺたの　君とぼく
真っ赤な秋に　囲まれている

　この詩はご存知の「真っ赤な秋」という音楽の教科書に載っている歌の１番の歌詞です。あたりは秋の真っ只中。つたの葉っぱやもみじの葉っぱの紅葉が眼前に映し出され、しかも今まさに沈まんとする夕陽の光の中にいる君と僕……あたりの空気はひんやりと清々しく、新鮮な風がほほをなでていく……言葉が醸し出す雰囲気を言葉から敏感に感じとり、それが心情にまで達するとき、日本語の味わいを深く感じとることができるのではないでしょうか。

　今日、日本語の乱れが指摘されています。若者は我が物顔に新造語を作りだし、まるで隠語のように自分たちの世界を作るべく言葉をもてあそんでいます。短い単語で語り合い、いかにも仲間意識を確かめるように使っているといいます。

　そんな若者たちに日本語の持つ深い味わいが理解できるのだろうか、通じるのだろうかと心配になってきます。

　国語教育審議会もこの様な日本語の乱れを憂えているという指摘をし

ています。だからこそ国語科教育で言葉の持つ深い味わいを感じとらせる指導の在り方が問われているのです。文学作品が多く取り上げてあるわけはそのあたりにあります。日本の五七五七七の定型で書かれている歌を繰り返し心の中で誦していると、古来より日本人が愛し定型としたリズムの快さの中で言葉がキラキラと光って喜んでいるようです。本離れ、読書離れが指摘されている今日、子どもたちを優れた文学作品に出会わせ、言葉に敏感で心情豊かな子どもたちに育てる国語科教育の営みが求められています。家庭では読書の時間（機会）を確保（テレビやインターネットの時間を決めて）するよう努力していただければと思います。

Chapter3 今、子どもたちに伝えたいこと

■君は未来だからです

　平成6（1994）年、国連の子どもの権利条約を日本も批准しました。18歳未満の子どもたちの権利を定めたもので、意見表明の権利、表現や思想・良心の自由、結社の自由、プライバシー保護その他が盛り込まれています。子どもに大人が耳を傾けるということが条約の前提でしょう。子どもは大人の従属物ではなく、一個人として人権を保証されるということでもあるでしょう。教育の作用は、子どもに教え込むだけではなく、子どもの無限の可能性を引き出すことが大切であるということでもあるでしょう。児童憲章を一歩突っ込んだものといえます。

　ただし、権利や自由といっても、自由のはきちがえだけはないように留意したいものです。公共の福祉、人類の幸せに反する自由は、自由ではないということを教えることは大切な点です。それを知らないまま大人になると、手のつけようがなくなるからです。

　93歳になるフランスの思想家・哲学者ジャン・ギトンが書いた「幼い子どもへの手紙」の書き出しは次のようです。「生まれたばかりの君と、もう人生を終わろうとしている僕、2人は互いにとても似ているね」と。

　ギトンは、様々な人たちに手紙を書くという形式で、1冊の本『心から心へ―21世紀を生きる人々に贈る』（幸田 礼雅訳、新評論、1994）を書きました。1901年に生まれ、文字通り20世紀を生きてきた人物が醸し出す言葉は無駄がなく、透き通っています。

　「僕は大人たちより、君とのほうがよく理解しあえるのです。おおきくなってわかりましたが、人間は子どもとともに成長するのです。とくに子どもにいろいろと質問をさせることが大切です」。いわゆる大人たちは、大人が子どもに教えるという一方通行を自然なことと思いがちで

138

す。管理するのが当然と考える人もいます。だがギトンは言います。

「僕たちは君に規則を教えます。代わりに君は、君の夢、君の無心を教えてくれます。僕たちは君に重々しさを押し付け、君は僕たちに明るさを教えてくれます」「僕は君を愛と不安と希望を持って見つめます。それは僕は過去であり、君は未来だからです。幼い君が地上の喜びを蘇（よみがえ）らせてくれるからです」

猫のみーこ

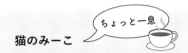

妻が亡くなって2年目のこと、「先生、寂しかろ」と言って手のひらに乗るぐらいの子猫を3匹持ってきてくれました。教え子の平野正博君です。「ちょっと待って、ありがたいけど3匹もいらんよ」ということで1匹の真っ白の子猫をいただくことになりました。

名前は躊躇なく「みーこ」としました。名前の由来は、娘の由起子が小学生の頃にさかのぼります。もう随分昔の話ですが、我が家は猫屋敷になったことがあります。一番多い時は7匹になったことがあります。娘が学校帰りに捨てられた子猫を連れて帰ってくるのです。その理由は「かわいそう」。それが積もり積もって最大で7匹にまでなりました。そんなに世話ができないので知人、友人等あらゆる飼い主のあてを探しました。簡単には見つからず大変でした。1匹残った猫の名前が「みーこ」で、それ以来我が家に来る猫はすべて「みーこ」と名付けました。今回の「みーこ」で3代目となります。性別に関係なく「みーこ」です。

猫のみーこのために準備することが結構ありました。キャットフードの購入、猫用の缶詰、CIAOちゅ〜る、いりこ、猫砂、水飲み場の作成、猫用ベッド、猫シャンプー、首輪……と猫のための準備が結構あります。

次に家の改造です。猫の出入り口の作成です。ドアの一番下のガラスを外してトラップ（自由に出入りできる装置）を作成しました。次に外に自由に出入りできるトラップも作成しました。これで自由に外との出入りができるようになりました。

Chapter3 今、子どもたちに伝えたいこと

　「猫は家につく」「犬は人につく」という言葉のとおり、猫は一旦自分の
家を認識するとその家に居着きます。だから外に遊びに出ても必ず家に帰
ってきます。みーこも日が経つにつれて外の行動範囲がだんだんと広がっ
ていきました。みーこはとにかく外が大好きです。そのわけは、生まれた
糸島の平野君の家では、一切家の中には入れなかったそうです。物置小屋
で生まれて、そこで３カ月ほど自由気ままに生活をしていたからでしょう。
　今でもみーこは１日の大半を外で過ごします。外で何をしているかは定
かではありませんが、おそらくいろんな生き物を捕まえたりお隣りの猫と
遊んだりしているに違いありません。
　今までに捕まえてきた生き物は、ねずみ、すずめ、トカゲ、蝶等です。
猫は自分が捕まえた獲物は必ず見せにきます。自慢をしているのだそうで
す。ですから決して怒ったりびっくりして叱ったりはしてはいけないので
す。実際には褒めたりはできず無視するのが関の山ですが。たまにまだ生
きている場合がありますが、その時は捕まえて外に逃してあげます。命の
話をしても猫にはピンとこないようです。
　みーこは全身が真っ白です。一見優しく上品です。おとなしい感じさえ
します。ところがみーこは、見かけからは想像もつかない野生児で、すば
しっこくてとても活発な雄猫です。
　最近は地域猫という風潮があるので、地域の野良猫は地域で面倒を見る
し、責任を持って地域で管理しようという活動が盛んです。したがって去
勢をしてこれ以上野良猫が増えないようにすることが求められています。
　みーこは雄猫なので、去勢をしなくてはならないだろうと考えていたも
のの、決断がつかずのびのびになっていましたが、２歳になるみーこはも
う立派な大人ですよと教えていただいて、あわてて去勢の病院を探しまし
た。雄猫なのでたぶん人間と同じようにパイプカットをするものだとばか
り信じて、疑いの余地もありませんでした。だから病院の先生にも、どの
ような手術をするのかまでお尋ねすることもせず、パイプカットとばかり
思い込んでいるうちに手術が終わりました。みーこの表情はまったく変わ
っていなかったので安堵で胸をなで下ろしたのも束の間、プリプリしてい

140

た「きんたま」の袋がぺっしゃんこになっているではありませんか。驚いて先生に聞くと「今は雄猫の去勢手術はこの方法が主流ですよ」とのこと、まさか「きんたま」を抜き取るなんて考えもしませんでした。みーこに申し訳なくて「こんなことなら去勢手術はしなきゃよかった」と後悔しました。かわいそうで涙が出ました。

　犬は教えれば「おすわり」「お手」が上手にできます。そこで猫にもできないはずはないと、みーこにおすわりとお手を教えました。かなり時間はかかりましたが、今ではできるようになりました。人間の言葉もたくさん覚えています。「ごはん」「かんづめ」「いりこ」「お水」「ちゅ〜る」「おうちに入り」「ねんね」「お留守番」……。

　また、みーこには感心することがあります。そのひとつは家の中では決しておしっこをしないことです。もちろんうんちもしません。すべて外に出てします。猫砂は用意していますが一度も使ったことはありません。雨の日も外でします。濡れて帰ってくるのでその都度体を拭いてあげます。今までの猫は冬には必ず布団に入り込んできていました。しかし、みーこはよほど寒い時以外は入ってきません。自分のベッドで寝ます。このようにみーこは大変感心な飼いやすい猫です。そんな可愛いみーことの２人暮らしは続きます。

Chapter3 今、子どもたちに伝えたいこと

使い捨て時代の経済効果と心の逆効果

　感銘を受けた記事があったので、ここに紹介したいと思います。

　10年前に父からカバン屋を引き継いだ山木田修二さん（54歳）は、この数年、郊外型の大型店舗や全国チェーンの専門店が開店したりして売り上げは減る一方でした。近所の八百屋さんや花屋さん等も相次いで閉店し、昔はにぎわっていた商店街も今ではすっかり客足が遠のいてしまっていました。

　「我が家でもそろそろ見切りをつけて出直したほうがいいかもしれない」と思い、80歳になる父に思い切って相談しました。父は私の話す厳しい現状に黙って聞き入っていました。1時間ほど黙って聞いていたその父が、私が話し終えるのを待って昔話をしてくれました。父がカバン屋を開店したようやく戦後の混乱が終わり始めた頃の出来事です。

　その話とは次のようなものです。「夕方小学校の高学年と思われる少年が古い手提げカバンを持って『修理をお願いします』と言ってやって来ました。合成皮革の安物で金具も外れ所々破れています。とても修理は無理な物だったのです。父は何か訳があると思い、優しく声を掛け、少年に少しばかりの事情を聞き始めました。『父親は戦死し、母が食堂の手伝いをしながらの自分と姉の3人家族で当然家は貧しく、このカバンも母親が学生時代に使っていた物で、それを姉が使い、こんど中学になるのを機に自分が使うことになった』のだというのです。家中探してやっと見つけた物だったのです。父は自分が貧しさの中で育っているものですから少年の気持ちが痛いほどわかって、倉庫の中から新品ではないけれどまだ十分に使える手提げカバンを出してきて『これを使いなさい』とカバンを手渡したのだそうです。

　それから20年近くが経ったある日、りっぱな紳士が店に入ってきま

した。『20年前に中古の手提げカバンをいただいた者です』と自己紹介をして、お金の入った封筒を差し出したのです。紳士は今は弁護士になり、あの母親の7回忌の法要を済ませて帰る途中のことでした。たまたま商店街を歩いていたとき、カバン屋を見つけてあのときの出来事を思い出したとのことで、どうしてもお礼が言いたくて店に入ってきたらしいのです。父はそのお金が使いきれず、少しばかりのポケットマネーと合わせて社会福祉協議会に寄付したのだそうです……とまあこんな話です。

　私は父のこの話に感激し、もう少し細々ながらもこの仕事を続けてみようと思いました。時代は変わるものであり、高齢化社会が到来し、近所の店が見直される時代がきっと来ると……」。話はここで終わりです。

　貧乏や裕福といった話をしているのではありません。物事の本当の価値というものに気付く子に育てるということです。消費が経済効果をもたらした時代が長く続きました。その延長線上に消費は美徳という言葉が生まれました。使い捨ての時代が長く続きました。そしてその先にバブル経済がありました。その中で育った子どもたちは、物を大事にしない傾向があります。鉛筆や消しゴムを最後まで使いきれないで捨ててしまう子や、まだ使える物でも流行遅れとばかりに捨ててしまう子……。一時は落とし物コーナーに立派な（真新しい）服や帽子や傘や靴下がたくさん落ちており、持ち主がわからないままに期間をすぎて処分されてしまうことなどがありました。使い捨ての時代の経済効果は、無駄遣いという心の逆効果をもたらしたのではないかと思います。

　休み時間に何人かの子にインタビューしてみました。「僕は鉛筆を2センチになるまで使うよ」「私は消しゴムを小さくなるまで使います」などと物を大切にする子が多いようで安心しました。消費は美徳とばかりに使い捨てを奨励した時代は終わりました。次から次へと買い与えるのではなく、無駄遣いをしない自分の持ち物を大切にする子どもになってほしいと願っています。

Chapter3 今、子どもたちに伝えたいこと

■「夢のない日本の子どもたち」……アンケートに見る国際比較調査より

　日、米、韓、台の４か国の子どもたちを対象にした国際比較調査が行われました（深谷昌志成徳短期大学教授ら研究チーム）。

　調査対象の児童は東京の小学校５〜６年生（476人）、ソウル（641人）、台北（563人）、米国マジソン（431人）の合計2,111人です。

　この調査結果を深谷教授は次のように分析します。

　「他都市の子どもたちに比べて、東京の子どもたちの自己評価は低く将来の夢を断念し、社会的な達成意欲も低い。そのため東京の子どもは勉強せずにテレビを観る時間が長く、のんびり過ごしている」

　この調査結果を見て北の丸クリニックの精神科医師、倉本英彦氏は「中学・高校に比べてより楽しいはずの小学校５、６年生の時期に毎日を楽しく過ごすことは極めて大切であり、将来の展望を持って過ごすことは不登校や引きこもりにならないためのポイントである」と述べています。マジソン市の子どもたちは自尊感情が高く大きな夢を描いています。もちろんこの調査は、傾向としての方向を示しているのであって、すべてがそうだと決めつけるものではありません。

　子どもたちには将来の夢や希望をたくさん持たせることが大切です。夢も希望もない子どもがどうして勉強する気になるでしょうか。大人（親）はあまりにも現実的な目標ばかり子どもに与えるきらいがあります。自分の生き様からくる、人生の指針としての親子の対話も大きな意味があるとは思うけれども、子どもには子どもなりの発想で夢や希望を持たせることも大切です。大人（親）から見れば非現実的な夢もあるでしょう。そんな夢や希望がかなえられるに越したことはありませんが、実際は現実の厳しさにさらされて徐々に変化し、次第に現実的なものになっていくものです。しかし夢に向かって努力している姿はやる気に満

ちた青春そのものであり、夢破れてもまた次の目標に向かって努力することを教えてあげることです。将来の目標をなくした子どもたちを称して３無主義（無気力・無関心・無感動）とかいう言葉があたかも現代の子どもたちを象徴するかのようにいわれています。しかし子ども本来の姿は昔も今も同じで好奇心旺盛で夢であふれているはずです。今の子どもは社会の様々な影響を受けて夢をなくしているだけなのです。

◆ ４カ国の子どもたちを対象にして国際比較調査の結果

	東 京	ソウル	台 北	マジソン	備　考
家庭での勉強は２時間以上する	21%	51%	34%	10%	
テレビを毎日３時間以上見る	45%	24%	23%	26%	東京最高
学校の勉強が分かる	62%	70%	76%	83%	東京最低
自分の将来は？					
「好きな相手と結婚する」	56%	87%	83%	90%	東京最低
「幸せな家庭をつくる」	80%	95%	87%	95%	東京最低
「仕事で成功する」	75%	81%	83%	91%	東京最低
「社会的に有名になる」	66%	63%	71%	90%	
「金持ちになれる」	38%	66%	44%	80%	東京最低
頑張ったらなりたい仕事につけると思うか					
「大会社の社長」	17%	52%	34%%	54%	東京最低
「優れた大学教授」	16%	45%	35%	45%	東京最低
「テレビのタレント」	28%	37%	27%	45%	
「プロスポーツ選手」	27%	33%	23%	51%	
「世界的に有名な芸術家」	21%	37%	29%	45%	東京最低
「正義感の強い裁判官」	13%	45%	22%	57%	東京最低
「難病を治す医者」	19%	27%	25%	39%	東京最低
大人になったら仕事も家庭も成功しているか					
「成功していると思う」	67%	78%	76%	87%	東京最低
「両方とも成功しないと思う」	12%	3%	4%	1%	東京最高

Chapter3 今、子どもたちに伝えたいこと

美しい日本語を正しく伝えること

　以前、『声に出して読みたい日本語』（齋藤　孝著、草思社、2001）が
ベストセラーになりました。空前の日本語ブームを巻き起こしたとも言
われています。

　その本の内容は、丸暗記して暗誦、もしくは朗誦（朗読）すること
を目的として編纂されています。そして取り上げられた文を著者は「日
本語の宝石」と言っています。美しい日本語を声に出して読むことで体
に染み込ませ奥深くに埋め込み、生涯にわたって折に触れてその輝きを
味わうことがこの本のねらいなのです。そこにはリズムがあります。抑
揚があります。テンポを考えた読みの工夫があります。朗々と歌い上げ
る読みや、しみじみとつぶやくような静かな読みが似合うものもありま
す。日本語を声にだす時のバリエーションは実に豊かなのです。

　では、今なぜ「日本語」なのかです。子どもたちの国語力低下、若者
の日本語の乱れ、ら抜き言葉などが指摘されて久しいですが、日本語の
本当の美しさや価値はそう簡単に消え失せるものではないということか
なと考えてみました。そして大多数の若者は、小学校、中学校の義務教
育９年間の国語の学習をとおして、知らず知らずのうちに美しい日本語、
正しい日本語が染み込んでいるのではないかとも考えてみました。

　一方、文部科学省国立教育政策研究所が行った「読書教育に関する調
査」の結果は驚きです。「子どもの国語力の低下の実態が明らかになっ
た」というものです。その実態は、小学校低学年でも単語でしか話せな
い、中学校で日本語がちゃんと通じない、高校であまり字が書けないな
ど国語力の低下を嘆く声が多数寄せられているというのです。

　また国語力の低下とともに読書離れも進んでいるのだといいます。さ
らに昨今の青少年の犯罪の増加はこれらの国語力の低下や読書離れと関

146

係があるというのです。古来、宗教心の希薄なわが国では、倫理や道徳を教育や読書で育ててきました。古典や偉人伝を読むことで知らず知らずのうちに人としての生き方や道徳心、宗教心を体に染み込ませたというのです。昔は古典や偉人伝を丸暗記するほど読んでいました。ところが若者の読書離れでそれもままならなくなったのです。

　読書離れの要因にテレビがあります。テレビは今や家庭生活の中心になり、悪影響があるなどといってもその位置付けは確固たるものです。しかもテレビは何の努力も要しません。寝転んでいても映像から観たままの情報が飛び込んできます。つまり楽に情報が得られるのです。ところが読書は違います。文字を追うことから始まり、考えたり想像したりして脳を活発に活動させなくてはなりません。言葉を的確に捉えそれをイメージ化することで美しく奥深い日本語の味わいをしっかりと感じ取れるのです。文字による言葉は想像をかき立て、イメージは無限に広がります。脳を磨いて自立心をかき立てるのに最適なのです。

　小学校では日本語の基礎を国語科の学習をとおして指導します。心を耕し心情豊かな育成をして、表現力豊かな子どもに育てることです。言葉に敏感な子どもに育てるためには、一つひとつの言葉を大切にする学習から始めて、登場人物の心情にまで深く入り込む指導をとおして、言葉の裏に秘められた行間を読む学習へと発展することが大切です。家庭では教科書の朗誦（朗読）が効果的です。テレビを必要最低限にし、親子の会話や文字に親しむ時間を意図的に作ることが大切です。

　『声に出して読みたい日本語』の著者、齋藤孝さんの主張点はこの「丸暗記」にあるのです。つまり暗誦、朗読です。「……ここにとりあげたものは、日本語の宝石です。暗誦、朗読することによって、こうして日本語の宝石を体の奥深くに埋め込み、生涯にわたって折に触れてその輝きを味わう……」そんなイメージでこの本を読んでくださいと。

　今や学校教育は当然のこと、家庭教育でも、美しい日本語を正しく伝えることの大切さが重要な意味をなしています。

Chapter3 今、子どもたちに伝えたいこと

▌目標を持って生き生きと学ぶ子どもたちに

　今の子どもたち（青少年）のことをして無気力・無関心・無感動とよく言われます。その原因は何であろうかと考えることがあります。その中でも自分の自己実現の具体的な姿が見えないことがその一番の原因ではなかろうかと考えます。なんの目標もなく、なんとなく朝起きてなんとなく学校に行く。そしてなんとなく（まったくの受け身で）机につき、なんとなく授業を受ける……。そこにはなんの感動も湧かないし、自分から働きかける積極的要素は感じられないのです。

　本書128ページにも書いていますが、一人の少女の生き方に感じるところがあったのでもう少し詳しく紹介してみます。清水4冠の独占を崩し、18歳で女流王将になった石橋幸緒さんです。将棋界で師匠を破ってタイトルを獲得したのは男女問わず初めての快挙です。

　石橋幸緒さんは実は幼い時から虚弱体質の子どもでした。1歳の時、腸閉塞の手術をしてどうにか命を取り留めました。その後も体が弱く病気がちで11歳まで病院への入退院を繰り返します。そのような状態であったので学校は小・中・高と東京都内の養護学校に通学しています。3月にその養護学校の高等部を卒業したばかりなのです。将棋を覚えたのは小学3年生の時。病院の近くにたまたま清水女流王将の父親が経営する将棋教室があったのです。点滴しながらでもできることとして母親の夕起子さんの勧めで始めたものだそうな。ちょっとでも時間があって外出が許されると一目散に将棋教室に通ったといいます。

　将棋界の厳しさは筆舌に尽くしがたいほどのものであることは有名な話ですが、その将棋界にあって中学1年生の時、女流育成会に入会しわずか半年でプロの資格を得ています。女流王将戦の年の正月は体調を崩して入院しました。入院には慣れっこになっているとはいうものの2日

148

後には早朝5時に点滴の針を抜いて対局場に出向いたというからその根性には驚かされます。5番勝負では初め2連敗しました。「もう駄目かと思った」といいます。それはそうでしょう相手は自分の師匠、清水市代女流王将なのですから。2連敗の後、3連勝で逆転優勝です。病弱な18歳の少女が女流王将に勝ったのです。「最終局までこられただけで嬉しかった。師匠に力一杯ぶつかればそれでいいと思っていました」といいました。常に目標を持ち、常に前向きでいつも教わろうとする強い気持ちが、必死でついていこうとする粘りの姿勢が清水女流の歯車を少しずつ狂わせたのだといいます。林葉直子さんの14歳での女流王将につぐ2人目の10代の女流王将の誕生です。しかし、その後の弁、「実力で早く師匠に追いつきたいです」。謙虚さも兼ね備えているのです。

　体は病弱だけれど、ひとつのことに挑戦し続ける少女がいるということを伝えたいのです。目標を持つことの大切さと素晴らしさを子どもたちに伝えたいのです。

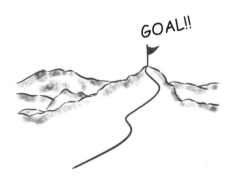

Chapter3 今、子どもたちに伝えたいこと

現代の教育の問題点とこれからの教育の方向

　戦後80年を迎えようとしている今、時代の進展とともに、社会は著しく変化しました。経済の成長、交通、情報通信システムの急速な整備など様々な分野において日本の社会を著しく変貌させました。人々の生活水準は向上し、生活は便利になりました。しかし、その分、人々の生活はかえってゆとりを失い慌ただしいものになってきました。核家族化、少子化など、家庭もそのあり様を変貌させ、地域社会も結び付きや連帯意識を弱めてしまいました。教育環境も大きく変化し、教育上の課題が指摘されるようになりました。

　子どもたちは、物質的豊かさや便利さの中で生活する中で、学校での授業、課外活動、塾などにかなりの時間をとられ、睡眠時間さえも十分ではないほど、ゆとりのない生活を送っています。自然体験、生活体験が著しく不足し、子どもたちは人間関係をつくる力が弱くなるなど、社会性の不足が危惧されます。「人の自転車に勝手に乗る」「公共物を平気で壊す」「人のものを勝手に使う」など子どもたちの倫理観についての問題もうかがえます。また、家庭での時間が極端に少ないといった状況があります。

　一方、現代の子どもたちの積極面としては、流行に敏感、メカに強い、国際交流に積極的、ボランティア活動の社会参加や社会貢献の意欲が強い、などがあげられています。

　このような現状から、経済成長の過程で失ったものは何か、私たちが本当に求めるものは何であるかを考える時期にきています。国際化、情報化、地球環境問題などを含めた、国民はゆとりと心の豊かさを求める様になってきています。

　これらの問題点を的確にとらえ、こらからの社会、とりわけ教育のあ

150

るべき方向としては、次のようなことがあげられています。
　①豊かな人間性の回復。
　②流行に柔軟に対応しつつも、不易なる物を大切にすること。
　③学校教育で獲得したものがその人の一生を支配するのではなく、不断にリフレッシュする生涯学習の必要性。
　④子どもたちに生きる力を育み、自ら課題を見つけ、考え、主体的に判断して行動する子どもを育てること。
　⑤一人ひとりの存在を大切にし、その伸張を図る個性尊重の教育。
　⑥いじめ問題等善悪の判断をきっちりとできる倫理観の育成。
　⑦国際化・情報化社会への対応。
　⑧地球環境問題への取り組みの必要性と意識の高揚。
等です。

Chapter3 今、子どもたちに伝えたいこと

新聞の魅力

　私は新聞を 28 歳の時から欠かさず購読してきました。新聞に目を通さないと 1 日が終わりません。

　新聞の読み方は決まっています。トップ記事には必ず目を通します。まず見出しを読みます。興味があれば要約文に目を通します。さらに時間があれば本文を読みます。一面に目を通したら下部のコラム欄に目を移します。コラム欄の話題は実に豊富です。担当者とコーヒーを飲みながらお話しできたら楽しいだろうなと思ったりします。

　下部にある広告欄にもチラッと目を通しながらスポーツ欄をひと通り見て投稿欄に行き着きます。一般市民の方々が抱いている様々な話題や意見にふれ、共感したりたまには勝手に反論したりします。時々投稿者の中に知人・友人がいます。「新聞の投稿欄、拝読しました。お元気のようですね。今度いつかお会いしたいですね」と懐かしさのあまり直接手紙を出したこともあります。

　私は新聞については特別の考えを持っています。価値観の多様化と共に様々な考えを持った多くの読者がいます。したがって新聞の記事を書くということは大きな責任を伴います。出来事については事実を正確に伝えることが求められます。文章は練りに練られた上に言葉を選んで完璧な形でしか記事になることはないと思います。そんな新聞記者にはリスペクトしかありません。

　私は校長として 11 年間にわたり毎月「学校だより」を発行して参りました。巻頭言には教育に関する時の話題や、保護者に理解を求める話題等について文章を書いてきました。学校以外でも読まれるであろうという想定の下、言葉を選び文章を練り上げ、完璧な文章にしようとするには神経を使うし相当な時間を要します。

152

新聞となると比較にならないほど不特定多数の人たちが目を通します。様々な考えの人たちがいます。熟考に熟考を重ね納得した上で初めて記事となって新聞に掲載されます。26面すべての記事が熟考された内容であるということです。もし私が記事の一部分を担当するとなると、どれだけの時間を費やして文章を書くであろうかと考えます。だからこそ新聞に掲載される記事にはそれ相当の価値が際立ってきます。

　新聞にまつわる忘れられないエピソードがあります。ある日のこと、飲み会で酔っ払った私は、深夜タクシーで帰宅しました。しとしと雨が降っていました。翌朝5時に目が覚めて（長年の習慣でどんなことがあっても朝5時に目が覚める）5時半には新聞配達のバイクの音がします。新聞受けに新聞が届きます。いつものように新聞を取りに行きました。ところがいつもと違う光景を目の当たりにして驚きました。新聞受けの真下の花壇の脇に黒い長財布が置いてあるではありませんか。よく見るとそれは紛れもなく私の財布です。昨夜タクシーにお金を払って財布を背広の内ポケットに入れたつもりがスルッと滑ってポケットに入っておらず、立ち上がった時に財布が道路に落ちたものと考えられます。雨の真っ暗の中でしかも黒い財布に朝まで誰も気づかずに、新聞配達の方が気付いて拾って花壇の脇に置いてくれたものと思われます。様々なことが頭をよぎりましたが結果として私の財布は落として4時間後には私の手元に届きました。新聞配達の方にお礼の言葉を伝えなくてはと思いついつの間にか年月が経ってしまいました。誰が財布を拾って花壇の脇に置いてくれたのか確証がないまま今日に至っていますが、たぶん新聞配達の方が置いてくれたものだと思っています。それ以来、毎日早朝5時半にバイクの音がすると「ありがとう」と感謝の気持ちで頭を下げています。

　テレビやインターネットやスマホに押されて、若者の文字離れが指摘されています。新聞購読の減少のみならず、街の本屋さんが姿を消す時代です。

私は思考の原点はやはり文字だと考えています。なぜなら文字から入っている情報は常に思考を伴うからです。ゆっくりじっくり自分のペースで考え想像する力こそ、思考の原点であると思っています。新聞であれ本であれ文字に込められた深い思考の原点を感じてほしいと思っています。

　新聞の魅力はまさにその文章に内在する責任の重さであると考えます。新聞記者や作家や投稿者をリスペクトすることで、新聞に内在する魅力が際立つのです。

　国際学力調査によると、日本の児童生徒の科学的応用力は伸びましたが、読解力が減少しているという調査結果が出ました。読解力の減少はまさに文字離れと無関係ではありません。読解力を高めるには文字による思考の原点に戻るしかありません。

■タイトルに「子育ての方程式」とつけた理由

　まえがきでも少し触れましたが、「子育ての方程式」について、もう少し詳しく述べてみたいと思います。

　「方程式」という言葉を使うのは、教育においては非常識ということになるでしょう。なぜならば数学では、未知数である x の答えは、方程式を解くことによって得られますが、子育てではそうはいきません。答えがそう簡単に出るのであれば、教育の実践は、一定の法則によってすでに解決していることばかりのはずだからです。現実は、誰も結論のわからない子育てというものに、心血を注いで奮闘しているのです。生まれつきの性格だからというあきらめにも似た決め付けも、教育の効果に大きく立ちふさがっていることのようです。

　しかし、人類の誕生と同時に必然的に生じた子育てについて一定の法則はないのでしょうか。私は、子育ての方程式は存在するという立場に立って一度考えてみる必要があると思っています。数多くの子育ての事例から集約して、一定の方向性を見いだすことはできるはずという考えに立てばという前提です。また、狼少女の事例からもわかるように、人間ほど環境に左右され、環境に順応する動物は他にはいないからです。しかし一口に環境といっても、家庭環境、親子関係、家族関係、友達関係、地域の環境、先生との関係……と複雑に入り組んでいるのですから、どの要素によってその子の行動が出てきたかを特定することは簡単にはいかないわけです。

　今日、家庭や学校において子どもの不適応が問題になっています。その原因はいろいろと論じられていますが、その原因の一つに自己統制力の欠如があげられています。自分の感情や欲望、行動を自分でコントロールすることです。今日の教育は、個性尊重や子どもの欲求や興味・関

155

Chapter3 今、子どもたちに伝えたいこと

心を尊重した教育が行き過ぎて、自由奔放な欲望までも認めるといった問題が指摘されているのです。今日の子どもたちは経済的にも恵まれ、少子化によって知らず知らずのうちに過保護に育てられ、あるいはまったく逆に放任で育てられることが多いというのです（過保護の子は自主性に乏しく自分の力で生きる力に乏しい傾向があります。逆に放任の子は自主性に富むたくましさはあるが、自由奔放で社会性に乏しい傾向）。

　また、個性尊重の教育が誤解され、規律正しい教育は管理主義と批判され、我がまま勝手な振る舞いが個性の表れと曲解されるまでになったのです。このように過保護・放任・甘やかしの教育の結果が自己統制力のきかない子どもを育てるに至ったのです。

　これからの教育の課題は、集団生活における規律の必要性を身に付けること、自己の感情を抑え、相手の立場に立って物事を考えること、次々に高い学習目標を設定して、挑戦し、それを獲得していく根気強さや努力の必要性、さらには目標実現のためにはつらいことに耐えて実現まで漕ぎつける忍耐力の育成等、あげればきりがないほどです。個性尊重やいじめ、登校拒否の対応が、ややもすると甘やかしの教育になってはいないか、今一度教育の再点検を行うことが必要な時期にきています。

　これらの課題の解決に向けて「こう育てれば、こう育つ」という「子育ての方程式」を解明すべく努力することが切望されます。

　過保護と放任という正反対の子育ての結果は前述のような方程式の存在が認められますが、どうすれば積極的に勉強する子に育つのか（65ページ）。生命の尊厳を理解し、心優しい子に育てるには（118ページ）等々。

　「子育ての方程式」は存在するという立場に立って考える時、明らかに傾向として認められます。

　長い間教育に携わって、様々な親、様々な子どもを見ていると、集約的に「子育ての方程式」は存在すると考えます。

156

ゴキブリ研究 30 年

　ゴキブリは大抵の人は忌み嫌います。あの風貌といい黒光りするさまはなんとも不気味です。また、なんでもペロペロなめた上に人の食べ物をなめたりするので不潔極まりない生き物というイメージが定着しています。

　私はこのゴキブリと 30 年以上にわたり格闘してきました。そのわけはいたって単純です。新築の私の家がゴキブリ屋敷になったのです。

　その理由も実に簡単です。結婚当初から共働きをしていたので掃除を徹底せずに、あっという間にゴキブリが増えて、家中ゴキブリがごそごそするとんでもない家になりました。加えて子どもが年子で続けて生まれ、妻は子育てだけでも大忙しの毎日を奮闘していました。さらにこの地に新築の家を建てた時は周りに家は 1 軒もありませんでした。ゴキブリが増えた理由がそこにもあります。ゴキブリは基本屋外にいます。最初はにおいにつられて家に入ってきます。すると食べ物（食べかす、人間の皮膚のかけら、フケ、そこら辺りに飛び散っている油……）は豊富にあるし、一年中快適空間があるし……で、一旦家に入ったゴキブリは外には出ていきません。さらに快適空間の家の中に卵を産み、増え続けていくというわけです。辺り一面にいるゴキ友に「おーい、みんなおいで。美味しいものがふんだんにあるよ。冬は暖かくて住みやすいから」と言ったかどうか？　とにかく一軒家の我が家はあっという間にゴキブリ屋敷になりました。

　それからというもの、ゴキブリとの格闘が始まりました。ゴキブリ駆除の研究に没頭しました。その頃、インターネットはありませんのでもっぱら図書館に通ってゴキブリに関する資料をあさり回りました。といってもゴキブリに関する本は数少なかった……。ですがその時、一筋の光明というか助け船として、当時の婦人会で作成した「ゴキブリ団子」なるものを耳にしたのです。「ホウ酸団子」ともいいます。これに目をつけてゴキブリ駆除の研究が始まりました。ちょうど 30 歳の頃です。もちろん平日は学校に勤務していましたので日曜、祝日しかできません。科学（化学）の知識は中学校理科教員の免許を持っている関係上ある程度はあるにしても、

Chapter3 今、子どもたちに伝えたいこと

そこまでゴキブリに関しての知識はありません。したがって研究は臨床実験の試行錯誤によるものしかできません。

ですから、自宅の台所をゴキブリ実験場にしたてて、生きた自然のゴキブリを相手に研究を始めました。

まず取り掛かったのがおびき寄せるための好きな食べ物の研究です。ゴキブリの本に書いてある好きな食べ物を夜中に台所に並べて、出没するのを息を殺して待ちます。豆電球の淡い光のもとに１匹、２匹と出てきます。好物をＡ・Ｂ・Ｃと並べて観察していましたが、本にはゴキブリはＡが一番好きな食べ物と書いてあったのにＢのほうにたくさん集まるではないか！　このような方法で繰り返し繰り返し臨床実験を行ってゴキブリの好物を確定することができたのです。

「よしこれでゴキブリをおびき寄せることができる」「次は殺虫成分の研究だ」とばかりに勢い込んだのはよいのですが、何のあてもなく手掛かりもなく、唯一の知識であるホウ酸を購入して好きな食べ物に混ぜて台所臨床実験を始めました。国内の殺虫剤メーカーの殺虫成分も片っ端から調べました。ところが大きな壁にぶつかりました。個人で殺虫成分を手に入れることなどできないからです。

ここで役に立ったのが、学生時代の化学の知識です。その知識を総動員してたどり着いたある成分が、ゴキブリの殺虫成分として極めて有効であることがわかったのです。

もちろん「ホウ酸」も使用しますが、圧倒的に有効なる成分Ｘを追加することによってゴキブリが全滅する「ゴキブリ駆除薬」が完成しました。私がゴキブリの研究を始めてほぼ30年が経過していました。

時あたかも公務員を定年退職した頃と重なって販売も始めました。使った方は異口同音に「凄いですよ、全滅しました」と言ってくださるので、30年の研究の努力が報われる瞬間でもあります。

ただし、「茶バネゴキブリ」には有効ではありません。茶バネゴキブリ（体長２センチメートル）は、大きな黒ゴキブリ（大和ゴキブリ、ワモンゴキブリ）とはまったく別の生き物ですから、駆除するには別の方法によらなければなりません。

あとがき

　53年間の教職に関わる仕事は、振り返ると大変充実したものでした。

　今でもそっと目を閉じると、担任していた当時の子どもたちの顔が次々と脳裏に浮かびます。

　3回目に担任した子どもたちが還暦を迎えるにあたり、還暦同窓会をするそうで、私もその同窓会に招待されています。嬉しい限りです。

　「人との出会いがその人の人生をかたちづくる」とよく言われます。

　教え子の強烈な思い出もいくつかあります。また保護者、特に熱心なお母さんの顔も脳裏に浮かんできます。それぞれの様々な悩みを聞いて、考え方の基準のようなものは示せたと思っています。

　本文中にはそういった指針ともいうべき内容を盛り込んでいます。教育とはかけ離れた事柄もありますが、それは世の中の見方、考え方という点で共通点を見出すことができます。人としての生き様は、教育のみならず全ての社会現象に通ずるものであるからです。

　一番の気がかりは、祝日法です。中でも成人の日、敬老の日、そして体育の日の3日間です。1月15日、9月15日、10月10日という大切な祝日は、第2、第3月曜日ということで、国民とりわけ児童生徒の記憶から遠ざかってしまいました。経済効果優先で土・日・月の3連休を狙ったということですが、「土・日と祝日が重なる場合、月曜日を代休」で良かったのではないでしょうか。できることなら心ある国会議員の方々には、今一度この法案を元に戻してほしいです。9月15日は敬老の日として子どもたちにしっかり覚えてもらい、その意義をしっかり認識する日にしてほしいのです。リスペクトするNHKの社会部の方々に託すことしか残された方法はありません。

　本文中にある様々な事例がご両親をはじめ子育てに関係する方々の参考になれば幸いです。

岡本　廣之

岡本廣之（おかもと・ひろゆき）

昭和19（1944）年、福岡県生まれ。福岡学芸大学（現・福岡教育大学）卒業後、昭和41年に大阪府布施市立（現・東大阪市立）弥刀小学校に赴任。その後、福岡県志摩町立（現・糸島市立）桜野小学校など3つの小学校を経て、昭和63年に福岡市立内野小学校の教頭に就任。平成元年より福岡市教育委員会教職員課の主任人事主事を務め、平成5年以降は福岡市立四箇田小学校、福岡市立高取小学校、福岡市立警固小学校の3つの小学校で校長を務める。平成16年に定年退職後は、教員養成所や教職専門学校、複数の大学の講師を務めるなど53年にわたり教育関係に従事。また、教職のかたわら、小学校の校歌、幼稚園の園歌作曲や和太鼓団体の創設など音楽活動も精力的に行う。

趣味はバイクツーリングや創作椅子制作、暖炉同好会、漬物研究、ゴキブリ駆除研究など多岐にわたる。

教育随想　子育ての方程式
_____

2024年12月25日　第1刷発行

著　者　　岡本 廣之

発行所　　図書出版木星舎
　　　　　〒814-0002　福岡市早良区西新7-1-58-207
　　　　　tel 092-833-7140　fax 092-833-7141

印刷・製本　シナノ書籍印刷株式会社
ISBN978-4-909317-41-4